[LA PREMIÈRE FOIS]

RÉUSSIR MON PREMIER PLAN MARKETING

Fabrice CARLIER

Pour Myosotis.

[SOMMAIRE]

[INTRODUCTION]

La langue française ne réussit pas son marketing ! En dépit de la création du terme « mercatique » dès le début des années 1970, ce dernier ne parvient pas à s'imposer et à détrôner l'invulnérable « marketing »...

Mercatique ou marketing ? En tout état de cause, vous êtes confronté à la nécessité de vous y plonger et de concevoir votre premier plan marketing.

En effet, le marketing est partout, tout est devenu marketing. Du monde associatif aux activités culturelles, du champ politique à celui de l'Administration et des services publics, le marketing et ses techniques ont envahi tous les domaines. Chaque acteur économique, à son niveau, use dorénavant de techniques marketing, de votre boulanger à la SNCF, du Louvre aux associations humanitaires tel Handicap International par exemple, aspire à vendre plus, à plus de clients, au meilleur prix possible.

Vous concernant, penser et agir marketing revient à dire, très simplement, que vous allez devoir définir ce que vous avez l'intention de vendre, à qui, comment, à quel prix et en choisissant les façons de le faire savoir.

Présupposant une bonne dose d'intuition, le plan marketing ne s'improvise pour autant pas. Mélange de réflexion et d'actions, d'investigations et de décisions, il présuppose, pour être bien conçu, donc utile, un travail consistant et permanent de recueil, d'analyse et de synthèse.

Il présuppose surtout que vous soyez en contact, sous de multiples formes, avec votre demande et que vous vous donniez les moyens de recueillir son point de vue et ses attentes.

Ce travail est rendu chaque jour encore plus nécessaire par la complexification du contexte de chaque entreprise, doublement soumise à une concurrence croissante et des consommateurs plus exigeants. Quels que soient votre secteur d'activité et la taille de votre structure, vous devrez donc savoir vous substituer à votre clientèle, active ou potentielle, pour lui proposer ce qui sera de nature à la satisfaire.

Résolument opérationnel, cet ouvrage se propose, en s'appuyant tant sur l'expérience de l'auteur que sur des témoignages concrets, de vous aider à concevoir, bâtir, mettre en place et suivre votre propre plan marketing.

[PARTIE I]

LE PLAN MARKETING : POUR QUOI, POUR QUI, QUAND ET COMMENT ?

1- QU'EST-CE QUE LE MARKETING ?

Mal nécessaire ou panacée ? Décrié, dénoncé ou porté aux nues, le marketing ne laisse plus aucun dirigeant d'activité ou d'entreprise indifférent. Né à l'époque où, pour reprendre la formule de K. Galbraith[1], « les voitures devinrent plus difficiles à vendre qu'à fabriquer », le marketing s'est dorénavant irréversiblement imposé dans tous les domaines.

De la définition…

Une entreprise ou une organisation a comme fondamentale raison d'être de vendre. Qu'il s'agisse de la commercialisation de roulements à billes, de rencontres sur Internet, de provoquer des dons en faveur de villages africains, de faire voter pour un dirigeant politique ou d'accroître la fréquentation d'un musée ne change au fond pas grand-chose à ce stade.

Dans tous les cas en effet, même si le support, le cadre ou la nature des organisations ne sont pas les mêmes, les objectifs demeurent quant à eux identiques. Il s'agira à chaque fois de promouvoir une offre, donc d'inciter ceux qui pourraient acquérir ladite offre à le faire et/ou de déclencher une action d'« achat ».

Dans toutes les configurations donc, l'entreprise ou l'organisation se trouvera face à une demande, existante ou à susciter. Les enjeux pour elle consisteront donc à cerner, connaître et satisfaire cette demande.

1. Economiste américain, auteur notamment du *Nouvel Etat industriel*, paru en 1967.

Un musée se devra par exemple de connaître les particularités et la composition des visiteurs de lieux culturels, les motivations les y amenant, les spécificités de son public par rapport au public général, les musées ou activités entre lesquels ses visiteurs potentiels hésitent... A l'identique, une association humanitaire se devra de cerner au mieux les particularités des donateurs de façon générale, de comprendre les motivations les poussant à donner, le spectre des associations parmi lesquelles les donateurs répartissent leurs dons...

Enfin, un parti politique sera lui aussi en permanence en recherche de clientèle. L'essor du marketing politique démontre bien que les « produits » politiques se positionnent de plus en plus finement, les uns par rapport aux autres et visent à conquérir des clientèles et déclencher chez elles un « acte d'achat » (le vote).

Dans tous les domaines donc, la nécessité de la connaissance préalable de la demande, actuelle et potentielle, s'impose. Parce que les organisations sont inscrites dans une concurrence plus aiguë et donc sans cesse mues par une volonté de différencier leurs offres, cette connaissance préalable s'imposera demain plus encore.

Concrètement, le marketing regroupe l'ensemble des techniques et outils mis en œuvre pour appréhender la demande et ses besoins et mettre en place les moyens de la convaincre d'acheter les services ou produits.
Simple, cette définition présente le mérite de mettre en exergue la double dimension du marketing, tout à la fois outil de connaissance et moyen d'action.

Outil de connaissance, parce que le marketing présuppose, pour que vous le mettiez en action, que vous sachiez à qui vous adressez, ce qu'attendent ceux à qui vous allez vous adresser, ce à quoi ils sont le plus sensibles, qui sont vos compétiteurs et ce qu'ils proposent.

C'est la raison pour laquelle, sauf exception, les services d'études de marché sont, dans les entreprises et les organisations, quel qu'en soit le type, partie intégrante de la direction du marketing.

Si le marketing est investigation et réflexion, il est également action. Véritable bras armé de l'entreprise, il a pour vocation de mettre en place les actions, de tout type, permettant à l'entreprise de vendre, donc de gagner de l'argent.

… à l'action…

Le marketing est fondamentalement action[2]. Cette posture de l'action amène le plan marketing à être résolument concret et opérationnel.

Document identifiant, présentant et détaillant les actions marketing à entreprendre sur une période donnée – douze mois le plus souvent –, le plan marketing est par essence tourné vers l'action et la réalisation. Par marchés, par segments et par cibles, il présente notamment les actions à entreprendre, les dates prévues de réalisation et les résultats escomptés.

2. Nous ne traiterons pas, dans le cadre de cet ouvrage, du marketing stratégique, plus ancré dans la réflexion et plus éloigné de l'action.

Pour ce faire, il repose sur l'analyse de ce qui a été effectué l'année précédente (N – 1) et des réalisations de l'année en cours (N). Comme le schéma ci-dessous le montre, le plan marketing, destiné à dessiner l'avenir, résultera de la somme du passé et du présent :

GENÈSE DU PLAN MARKETING

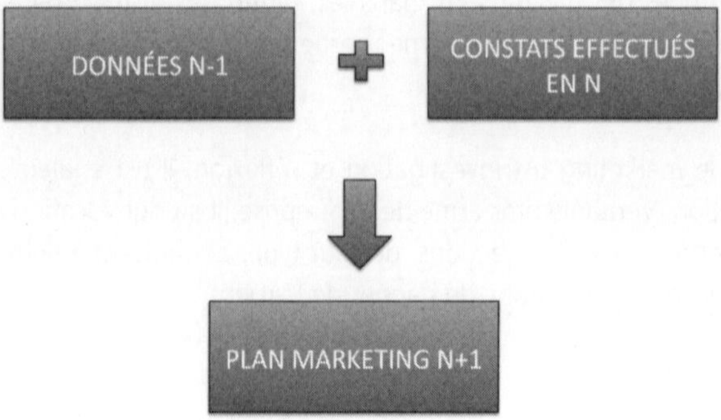

De ce fait, le plan marketing le plus délicat et complexe à produire est… le premier, celui qui ne peut se référer au passé. Si tel est votre cas, vous devrez vous inspirer directement de la stratégie générale de votre entreprise et des hypothèses commerciales sous-jacentes à votre business plan[3].

… pour tous !

Même si le marketing est souvent affaire de spécialistes, la détention de certaines qualités vous suffira à devenir des marketeurs efficaces.

3. Cf. *Réussir mon premier business plan,* dans la même collection.

Certes, le marketing s'apprend. Les nombreux et volumineux ouvrages, les enseignements multiples qui lui sont consacrés en témoignent. Pour autant, deux vertus essentielles, dont vous disposez forcément et qui d'ailleurs ne s'apprennent que peu, vous seront indispensables. Leur détention se substitue, pour une bonne part, à l'apprentissage « scolaire » concevable par ailleurs.

Premières vertus cardinales : la curiosité et l'ouverture d'esprit

[TÉMOIGNAGE]

« Lors du premier cours, je surprends à chaque fois les étudiants. Je leur projette en effet des actions marketing dont ils sont la cible, issues de la téléphonie, des chaussures de sport, des banques. Et je leur explique que l'essentiel est d'être curieux, d'essayer de comprendre ce que contiennent les offres, leur pourquoi et leurs leviers. Ils sont une cible à part entière au fond. »

(Christophe, professeur de marketing en école de commerce)

Si le marketing ne vous est pas familier, ne partez donc surtout pas de l'idée qu'il n'est pas fait pour vous. Vous êtes tellement fait pour lui ! Il vous suffit donc de regarder autour de vous, de vous en persuader et de chercher à comprendre ce que les marques qui s'adressent à vous cherchent à obtenir de vous et comment elles s'y prennent pour le faire. La curiosité et l'aptitude au décodage dont vous saurez ainsi faire montre vaudront allègrement de nombreux cours ou lectures sur les techniques de marketing.

En second lieu, dédoublez-vous

Au fond, le marketing repose sur un faux altruisme. Si le véritable altruisme se définit par le soin et l'intérêt, sans contrepartie, apportés à l'autre, le faux se caractérise quant à lui par l'idée que penser à l'autre vous servira à vous.

En d'autres termes, vous devez, dans votre propre intérêt, vous mettre le plus possible à la place de ceux à qui vous vous adressez ou entendez le faire. S'immerger en l'autre – prospects et clients – est la véritable clé du succès d'une démarche marketing, donc du plan la structurant et l'orchestrant.

[TÉMOIGNAGE]

« Le marketing, ce n'est au fond pas très compliqué. Il faut se mettre à la place de ceux à qui on s'adresse, s'efforcer de les comprendre, d'agir et de réagir comme on pense qu'ils le feront. Il y a quelque chose d'un peu pervers dans la démarche. »

(Sébastien, conseil marketing)

Curiosité et « altruisme intéressé » seront donc vos meilleurs atouts personnels pour réussir votre plan marketing.

2 - LE PLAN MARKETING : POUR QUOI FAIRE ?

Après tout, nombreuses sont les entreprises ou activités qui se sont lancées et développées sans plan marketing. Certes. Mais au-delà du fait que leurs performances auraient vraisemblablement été supérieures en s'appuyant sur des plans marketing, de multiples raisons expliquent que, dorénavant, il ne vous est plus possible de vous en passer.

Un outil sans cesse plus indispensable

Un marché se caractérisera fondamentalement par la rencontre qu'il permet ou provoque entre une offre et une demande. Or, sur ces deux plans, de nombreuses mutations rendent plus que jamais nécessaire le recours au marketing, donc à la production d'une réflexion sur les actions à mettre en place et d'un document précisant et détaillant ces actions.

Sur le plan de la demande tout d'abord. Les nouvelles technologies ont substantiellement modifié la donne. Les prospects, clients et consommateurs ont acquis, grâce à elles, de multiples possibilités dont vous devez tenir dorénavant compte.

Parmi celles-ci, relevons le fait que les clients n'ont jamais eu autant la possibilité de se renseigner sur les différentes offres disponibles sur un marché. Les internautes, soit dorénavant 70 % de la population nationale, ont pris l'habitude de procéder à une compilation d'informations avant d'acheter.

De plus, comparer les offres entre elles est également devenu simple. Une famille de sites, les comparateurs, a même fait son apparition. Qu'il s'agisse d'acheter un lecteur de DVD ou un billet d'avion, la comparaison rapide des différentes offres redonne à la demande un pouvoir dont vous devez tenir compte. Pour un produit ou service donné, les consommateurs disposent donc d'outils simples de comparaison des conditions, en attendant le comparateur comparant les comparateurs...

Les nouvelles technologies ont, en troisième lieu, dilaté le marché, lui donnant une dimension planétaire. Au-delà des frais de port et des aspects douaniers, chacun peut se procurer, dans le monde entier, ce qu'il souhaite.

Cette triple modification du rapport de la demande à l'offre qui lui est proposée a naturellement entraîné, de la part des offreurs, la prise en compte de ces trois évolutions La concurrence n'a jamais été aussi proche, sur tous les plans, donc sa prise en considération aussi nécessaire.

Enfin, n'oubliez jamais que vos concurrents s'y sont mis ! Ces derniers fomentent des plans marketing. L'obligation dans laquelle vous vous situez de prendre de l'avance sur eux, à tout le moins de ne pas prendre de retard, vous contraint absolument à adopter les mêmes outils et techniques. Partant de là, vous ne pouvez donc, pour cette simple raison, faire l'impasse sur un plan marketing.

Le marketing au service de la stratégie générale

Le marketing n'est au fond qu'un outil. Cet outil doit être conçu et se mettre, comme l'illustre le schéma ci-dessous, au service de la stratégie de l'entreprise ou de l'organisation dans laquelle il s'insère.

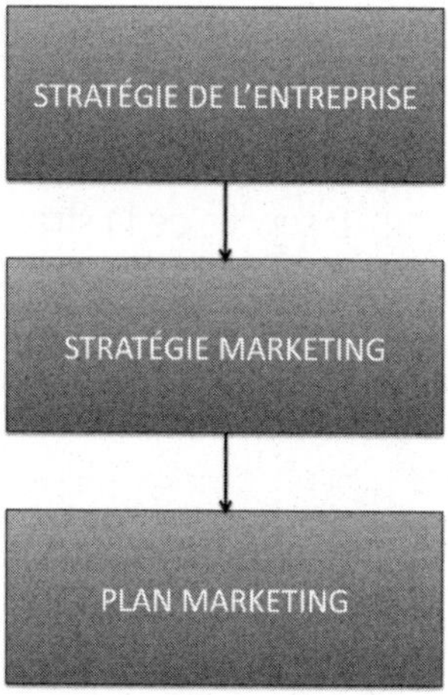

La définition de la politique marketing ne sera donc pas effectuée de façon autonome, mais s'inscrira dans un ensemble plus large : la stratégie de votre organisation.

Vous devez donc fondamentalement vous imprégner de la stratégie de votre organisation. Où entend-elle se rendre dans les années à venir ? Quels sont les grands moyens qu'elle prévoit d'emprunter pour ce faire ? Que vous soyez, ou pas, à l'origine de la stratégie ne change rien à l'impérieuse nécessité de vous y conformer.

Prenons un exemple. Imaginons que la stratégie de votre entreprise prévoit, dans les années à venir, une montée en gamme de votre offre, donc de votre clientèle. Vos plans marketing devront en tenir compte et chercher progressivement à se rapprocher de vos futures cibles.

Le plan marketing ne saurait donc s'abstraire de la stratégie générale de votre organisation. A l'identique, il découlera de la stratégie marketing proprement dite.

Le plan marketing au service de la stratégie marketing

Recueil d'actions opérationnelles, le plan marketing découle, fort logiquement, de la stratégie marketing de votre structure. Dans les années à venir, votre stratégie marketing consistera-t-elle par exemple à mettre l'accent sur les services associés à votre produit ou sur le service de départ ? Consistera-t-elle plutôt à viser à réduire le prix de vente de vos offres ou à monter vos prix ?

Vous ne pourrez donc pas concevoir de plan marketing sérieux si votre organisation n'a pas préalablement défini de stratégie marketing. Vos plans constitueront en effet la mise en musique, la traduction en actions de cette stratégie et ne peuvent s'en dissocier.

La première de vos missions consiste donc, si nécessaire, à (faire ou contribuer à) bâtir la stratégie marketing de votre organisation.

[TÉMOIGNAGE]

« Quand je suis arrivée, mon patron m'a demandé de produire un plan marketing pour l'année à venir. Mais nous n'avions pas de stratégie, ne savions pas vraiment où nous voulions aller. Il nous a fallu commencer par cela, donc par le début au fond. »

(Aurélie, responsable marketing dans l'hôtellerie)

Vous ne pouvez en effet pas raisonnablement ni pertinemment définir de moyens si vous demeurez dans l'ignorance de la fin…

Un outil de prévision

Le plan marketing revêt plusieurs vocations. La première d'entre elles est de constituer un outil de prévision et d'anticipation. Il fixe en effet, dans son registre, les prévisions résultant des opérations et actions qu'il contient.

Nécessairement chiffrées, ces prévisions touchent autant aux recettes escomptées qu'aux dépenses nécessaires pour les engendrer. Les deux sont d'ailleurs liées : tel niveau de dépenses sera jugé admissible au regard des recettes escomptées, devant découler des dépenses en question.

Un outil de pilotage et de suivi

Par voie de conséquence, le plan marketing constitue également un outil de suivi. Parce qu'il contient les actions prévues, sur les plans spatial, temporel et financier, il doit permettre, en toute logique, d'effectuer un suivi des actions prévues, entreprises et menées à terme.

Un outil d'ajustement

Enfin, le plan marketing est un outil interactif, en ce sens qu'au-delà du suivi des actions qu'il permet, il doit faciliter la réaction. S'il est en effet possible que les actions que vous avez prévues se déroulent comme… prévu, elles peuvent également connaître un succès ou des difficultés imprévues qui, dans les deux cas, vous contraindront à réagir, à modifier vos actions et, par voie de conséquence, votre plan marketing.

3- LE PLAN MARKETING : POUR QUI ?

Outil de structuration et de description de l'activité et des actions marketing à venir, le plan marketing s'adresse à plusieurs publics distincts.

Au-dessus de vous

Ill a tout d'abord vocation à permettre à votre hiérarchie (ou à vous-même si vous êtes votre propre maître) de prendre connaissance de vos projets et d'en vérifier la cohérence avec la stratégie marketing et la stratégie générale de l'entreprise.

Surtout, notamment dans le cadre d'une structure importante, il aura pour objectif de permettre une consolidation des dépenses prévisionnelles et, le cas échéant, un arbitrage entre les différentes composantes du plan marketing général.

[TÉMOIGNAGE]

« Chez nous, c'est assez lourd. Je bâtis mon plan sur mes produits, puis le passe au directeur marketing. Il consolide le tout en faisant des choix, transmet à la direction financière pour validation, puis nous le retourne une fois validé. Il peut y avoir plusieurs allers et retours, cela dépend des années. »

(Marie-Paule, chef de groupe marketing dans l'alimentaire)

Vous

En définitive, le principal destinataire de votre plan marketing, c'est vous !

Au-delà des autres publics auquel il est destiné, il constitue surtout votre plan de route, votre itinéraire personnel. Il vous indique ce que vous avez à prévoir, à faire ou à faire faire et surtout quand vous devrez le faire. A ce titre, il doit représenter votre compagnon quotidien et votre référent durant son année de validité.

En dessous de vous

Vous devez partager votre plan marketing. Sauf cas particulier en effet, vous ne travaillez pas seul. Votre équipe interviendra, à de multiples reprises, pour vous épauler et vous assister dans la mise en œuvre des actions que vous avez prévues. Par voie de conséquence, vous devez permettre à cette dernière de s'approprier votre plan.

Pour ce faire, n'hésitez pas à le présenter et à le détailler oralement. De trop nombreux dirigeants le font parvenir par voie écrite, de façon unilatérale, n'en facilitant ainsi pas la compréhension, les justifications et la prise de possession.

Or, votre plan marketing ne réussira que si ceux qui travaillent à vos côtés sont convaincus de sa pertinence. Vous devez veiller à l'acquisition de cette conviction, non seulement en associant vos collaborateurs à sa confection, mais également en leur faisant partager le plan définitif et en leur expliquant le pourquoi des modifications et inflexions éventuelles que vous auriez apportées à leurs suggestions.

A côté de vous

Les publics se situant à côté de vous sont souvent délaissés et peu associés dans la conception d'un plan marketing et sa mise en œuvre. Pourtant, leur rôle, souvent essentiel, justifie que vous les associez à certains aspects de la conception d'actions. Les actions requêtant par exemple un sérieux appui logistique seront mieux conçues et donc réalisées si vous impliquez les collaborateurs concernés en amont.

En tout état de cause, vous devez ensuite informer de votre plan et de ses lignes d'action.

Vous pouvez, à ce stade, distinguer trois types de public, de nature différente, mais jouant chacun un rôle clé dans la réussite de votre plan marketing.

Les autres responsables de l'entreprise

Même si vous êtes le dirigeant de votre structure et que cette dernière est de petite taille, vous devez informer les autres pilotes d'activité de vos intentions en matière marketing. Mais, a fortiori si votre entreprise est plus importante, leur implication est nécessaire. A un moment ou un autre, vous aurez besoin de vous appuyer sur les collaborateurs de la direction financière ou de l'équipe en charge de la logistique par exemple.

Eux aussi éprouvent le besoin d'établir leurs propres plans d'activité, lesquelles activités dépendent en partie des vôtres. Les informer de vos grandes actions à venir leur permettra de les inscrire dans leurs propres plans de charges, donc d'être plus affûtés le moment venu.

[TÉMOIGNAGE]

« Sur tous les plans, un moment important de l'année, c'est la rentrée littéraire. L'activité est très forte et c'est à ce moment-là que nous faisons le plus d'actions. Je prends toujours le soin d'informer très en amont les différentes équipes, de façon qu'elles puissent s'organiser pour cette période chaude. »

(Anne-Marie, directrice de collection dans l'édition)

Les fournisseurs importants

Il est peu fréquent d'associer les fournisseurs à la mise en place du plan marketing. Et pourtant. De par leurs interventions, ils joueront un rôle majeur dans la mise en place et la réussite de vos actions.

Sans qu'il soit question de tout dévoiler, ni à tout le monde, informez vos principaux fournisseurs des grandes lignes de votre action et des opérations appelés à les concerner. Vous leur donnerez ainsi l'occasion de se préparer de façon satisfaisante, donc de contribuer au mieux à votre réussite et à la leur.

Les vendeurs ou revendeurs

Voici de nouveau un public sans lequel vous ne pourrez pas être efficace dans vos actions. Nombreuses sont d'ailleurs les entreprises et marques « soignant » leurs vendeurs et revendeurs, les informant, les associant et les impliquant fréquemment.

[TÉMOIGNAGE]

« Avant, j'étais dans la cosmétique. Un de nos principaux publics était constitué des coiffeurs. Une fois le plan marketing adopté, nous faisions une grande présentation, dans un beau lieu, en les invitant tous. Et nous leur présentions nos grandes

actions à venir, de façon à les impliquer et leur montrer que nous pensions à eux. »

(Marie-Paule, chef de groupe marketing dans l'alimentaire)

La force de vente, qu'elle soit directe ou indirecte, c'est-à-dire dépendant de votre structure ou pas, devient au fond souvent une cible en soi dans les plans marketing. Bras armé de vos actions, cette dernière doit impérativement adhérer à son contenu et à son orientation. Pour ce faire, de nombreuses entreprises prévoient des actions spécifiques tournées vers la force de vente.

[TÉMOIGNAGE]

« Nous faisons beaucoup d'opérations pour motiver les patrons de kiosque. Notre journal se vend pas mal au numéro et les kiosquiers ont un vrai pouvoir de préconisation quand ils veulent. Donc nous essayons de trouver des opérations pour les motiver et les inciter à nous vendre. »

(Bertrande, directrice de la communication d'un magazine grand public)

4- LE PLAN MARKETING : QUAND ?

Si le plan marketing se décline sur un mode annuel, il demeure un outil d'usage permanent.

Un outil annuel

Quel que soit le cadre de votre activité, existant ou à venir, vous vous inscrirez sur un mode annuel. Que votre exercice repose sur l'année civile ou une année « à cheval » (juillet-juin par exemple) ne change rien à la nécessité face à laquelle vous vous trouvez de procéder à la recension opérationnelle de l'ensemble des actions et opérations appelées à se dérouler sur douze mois.

C'est donc à la fin de la période précédente, soit à la fin des douze mois d'avant, que vous établissez votre plan marketing. Ce dernier prendra naturellement en compte les objectifs et les réalisations de l'année appelée à se terminer. Afin de concevoir votre nouveau plan marketing, vous allez évaluer votre situation par rapport à votre plan précédent, en distinguant notamment les éléments qui ont fonctionné et ceux qui ont échoué. La difficulté réside souvent dans le fait qu'il vous faudra prévoir des résultats appelés à porter sur l'année à venir, sans forcément détenir toutes les informations nécessaires sur l'année en cours.

Un outil à usage permanent

Pour autant, le plan marketing est un outil à usage permanent. Tout d'abord parce que chaque plan sert de base de départ au suivant et s'en enrichit itérativement. Mais surtout parce que votre plan constitue votre constant repère durant sa période de déroulement et que vous vous y référerez constamment, tant pour planifier les actions à venir qu'apprécier, au regard de vos prévisions, les résultats des actions venant de se dérouler.

5- LE PLAN MARKETING : COMMENT ?

La conception d'un plan marketing est affaire de méthode. Véritable plan de conquête, il constitue la traduction concrète et opérationnelle des objectifs de la stratégie marketing.

La méthode que vous devez adopter partira donc impérativement des objectifs stratégiques généraux de votre organisation et devra aboutir à la production d'un plan d'actions détaillées, chiffrées et programmées.

La **prise en compte des objectifs stratégiques de votre entreprise** constituera donc la première étape de votre démarche. Il vous faudra ensuite vous adonner à la **réalisation d'un diagnostic marketing interne et externe** de votre entreprise, vous permettant d'en identifier les forces et les faiblesses. Rien ne sert en effet de prévoir des actions que votre entreprise ne sera pas capable de mettre en place. Cet audit embrassera également le marché, la demande et l'offre.
La troisième étape consistera alors à **vous fixer des objectifs marketing tangibles, volontaristes et accessibles.** Ces derniers résulteront naturellement de vos analyses effectuées lors de l'étape précédente.
La quatrième étape aura pour vocation de **définir les stratégies les plus adéquates** appelées à être mises en œuvre pour atteindre les objectifs que vous vous êtes assignés.
Dans un cinquième temps, **vous descendrez concrètement dans les moyens à mettre en œuvre pour atteindre les objectifs fixés.** La recherche de ces moyens vous amènera à la production de plans d'actions reposant sur les quatre principaux piliers du marketing (prix, produit, distribution et communication).

Lors de la sixième étape, **vous définirez, pour chacune des actions établies lors de la phase précédente, un budget, un calendrier de réalisation et, le cas échéant, un responsable à vos côtés.**
La septième étape recouvre la **rédaction proprement dite du plan marketing,** consistant à synthétiser opérationnellement le contenu des étapes précédentes.
Déjà évoquée, la huitième étape consiste en la publicisation de votre plan, pour, selon le cadre dans lequel vous vous inscrivez, avis, accord ou information.
Enfin, le neuvième temps, postérieur au lancement de votre plan, concernera les **dimensions de contrôle et d'évaluation des actions entreprises.**

Les neuf étapes de la conception et de la mise en place du plan marketing peuvent se résumer dans le tableau ci-dessous :

Etape 1	Cadrage général
Etape 2	Diagnostic interne et externe
Etape 3	Fixation des objectifs
Etape 4	Détermination des stratégies
Etape 5	Définition des plans d'action
Etape 6	Calendrier, budgets et responsabilités
Etape 7	Rédaction
Etape 8	Diffusion
Etape 9	Contrôle et évaluation

6- LES QUALITÉS REQUISES

Au-delà des deux vertus évoquées plus haut et dont la détention est essentielle pour acquérir une réelle dimension marketing, de nombreuses qualités sont requises pour la conception même du plan marketing.

Le sens de la synthèse

Parce que le plan marketing consiste à savoir recueillir, trier et synthétiser de nombreuses informations, en provenance de sources multiples, il vous faut tout d'abord posséder un réel sens de la synthèse. Un plan marketing n'est pas un annuaire épais, mais un document compact et concis. Sa valeur s'apprécie au regard de son contenu, non de son volume ! Faites donc court. Dans le cas inverse, vous risquez fort de ne pas être lu.

Le sens des priorités

Ce sens de la synthèse doit d'accompagner du sens des priorités. Planifier, c'est en effet choisir. Votre plan marketing ne doit donc pas ressembler à un catalogue d'actions juxtaposées, mais épouser les priorités émises par la stratégie marketing. Que vous soyez, ou pas l'émetteur de la stratégie marketing ne change rien à l'obligation qui devient la vôtre de respecter ses directives et priorités, donc de les intégrer dans votre propre plan. Ce dernier apparaît impérativement comme au service de la stratégie marketing, qu'il met en scène et en action.

Le sens de la méthode et de l'organisation

Vous devez également faire preuve de sens de la méthode et de l'organisation. Comme nous le verrons, l'établissement d'un plan marketing présuppose une très bonne organisation et un esprit structuré. Cet esprit d'organisation se démontre en effet à tous les stades, qu'il s'agisse du recueil, du traitement, de la synthèse des informations recueillies ou au stade de la production du plan lui-même.

La créativité

Autre qualité indispensable en marketing : la créativité. Pour deux raisons en effet, cette qualité s'impose comme étant une des principales qualités requises. Tout d'abord parce que vous devrez trouver des idées d'actions créant la différence par rapport aux idées mises en œuvre par vos concurrents. Il est probable que si vous contentez de plagier les idées mises en place par les autres acteurs, vous ne parviendrez pas à séduire la cible que vous entendez conquérir. Vous devrez donc savoir faire montre d'innovation, sortir des idées battues, trouver de nouvelles méthodes ou façons de faire.

De toute façon, c'est la seconde raison, vous n'aurez pas les moyens de tout faire comme vous l'entendez. Par construction, le budget dont vous disposerez sera inférieur à vos besoins ou à vos envies. Faire aussi bien pour moins d'argent (ou de ressources) fera donc partie du défi que vous aurez à relever et vous imposera la recherche d'idées imaginatives et créatrices de différence.

Enfin, il convient que vous soyez doté de sens pratique. Le marketing s'inscrit dans l'action concrète. La conception de votre plan ne sera pas de grande valeur si elle ne s'accompagne pas d'une approche résolument concrète, prévoyant la façon de faire les choses et ne s'arrêtant pas à leur dimension conceptuelle ou intellectuelle.

[PARTIE II]

LE CONTENU DU PLAN MARKETING

Votre plan marketing est appelé à contenir vos actions marketing pour l'année à venir. Sa réalisation passe préalablement par l'établissement d'un diagnostic marketing d'envergure.

Ce diagnostic, représenté ci-dessous, abordera les deux dimensions essentielles que sont la dimension interne et la dimension externe :

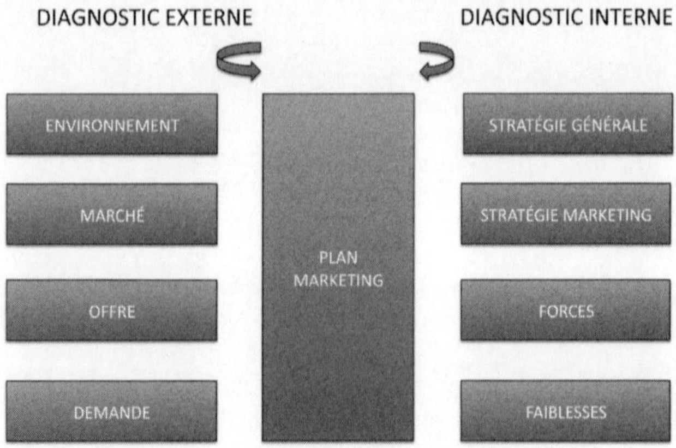

1- LE DIAGNOSTIC MARKETING INTERNE

Le diagnostic interne consiste à s'immerger dans votre propre organisation pour en effectuer, dans une optique marketing, le bilan. Même si votre organisation n'existe pas encore, bon nombre des points à passer en revue demeurent les mêmes.

Sa vocation est de mesurer les écarts éventuels existants entre ce que vous avez compris (cf. « Le diagnostic marketing externe ») comme étant les tendances du marché et les capacités et spécificités de votre structure. Partant, il définit également ce qu'il vous sera possible de faire pour réduire les écarts concernés et identifie ce qui, en l'état actuel des choses, n'est ni possible ni souhaitable pour votre structure.

La stratégie générale

Vous ne pouvez naturellement pas faire abstraction de la stratégie générale de votre entreprise ou de votre organisation.

Si votre structure est en création, vous devez logiquement procéder à l'établissement de votre stratégie avant d'en envisager les prolongements et conséquences sur le plan de votre stratégie marketing, puis de votre plan d'action marketing.

Si votre structure préexiste à votre préparation de plan marketing, vous devez prendre connaissance de sa stratégie générale. Celle-ci, de par ses axes et perspectives de déploiement, sera en effet de nature à orienter votre propre plan d'action marketing. Si vous en êtes l'auteur, vous serez alors d'autant plus à l'aise pour la décliner sur le plan marketing.

La stratégie marketing

La configuration évoquée ci-dessus se retrouve naturellement au stade de la stratégie marketing. Soit la définition de cette dernière vous revient, auquel cas vous la traduirez en plan d'action, soit elle a été conçue par un tiers et vous devrez vous l'approprier pour la décliner.

Les forces et les faiblesses

Cette phase du diagnostic interne est importante, parce qu'elle va consister à identifier, dans tous les registres de l'entreprise et donc pas seulement dans le domaine du marketing, ses forces et atouts principaux.

Vous devez donc passer en revue, le plus objectivement possible, les compétences et métiers de votre entreprise, en vous demandant à chaque fois si, de façon absolue et relative, votre structure est bien ou moins bien placée.

Dispose-t-elle de ressources financières ? Sa logistique est-elle efficiente et permettrait-elle, le cas échéant, une livraison plus rapide ? La gamme de produits ou de services couvre-t-elle les grands besoins de la demande ou au contraire, un des aspects montants de la demande n'est-il pas couvert ? Le niveau de compétence des commerciaux est-il satisfaisant ? A-t-elle su se garantir l'accès aux canaux de distribution majeurs ? Et aux fournisseurs de matières premières ? Dispose-t-elle d'une bonne image de marque et d'un positionnement publicitaire univoque ?…

Dans tous les registres de l'activité donc, vous devez vous demander quelle est la position de votre organisation.
Est-elle est position de force, autrement dit domine-t-elle le savoir-faire ou la dimension concernée ou, au contraire accuse-t-elle un retard sur un ou plusieurs plans ? Il est naturellement concevable que votre organisation soit, dans un domaine, tout à la fois dotée de forces et atteinte de faiblesses, en bénéficiant par exemple d'une image positive mais d'une notoriété inférieure à celle de son principal concurrent. Comme il est possible que votre logistique soit très efficiente mais plus lente que celle de vos compétiteurs.

Ce diagnostic préalable et approfondi est essentiel à la future réalisation de votre plan marketing. Confronté avec le diagnostic externe, il vous permettra tout à la fois d'apprécier les forces et faiblesses de votre entreprise et les champs et domaines dans lesquels, par rapport au marché et à la demande, elle se situe en avance, au niveau ou en retard.

Vous devez, en synthèse, aboutir au remplissage du tableau ci-dessous :

	FORCES	FAIBLESSES
Approvisionnement/matière premières		
Production		
Commercialisation		
Logistique		
Ressources financières		
Recherche et développement		
Ressources humaines		
Mix marketing : produit		
Mix marketing : prix		
Mix marketing : distribution		
Mix marketing : communication		

2- LE DIAGNOSTIC MARKETING EXTERNE

Le diagnostic marketing embrasse traditionnellement quatre champs principaux. Appelé à retentir directement sur votre plan marketing, chacun de ces champs doit faire de votre part l'objet d'une investigation poussée et fine.

L'environnement

Comme son nom l'indique, l'environnement consiste en ce qui, à un niveau général, figure autour de votre entreprise ou votre organisation.
L'environnement se subdivise lui-même en cinq dimensions. Vous devez investiguer chacune de ces dimensions, étant entendu que, suivant les sujets et les contextes, chacune sera, ou pas, susceptible d'avoir un impact sur votre futur plan.

▸ L'environnement économique

Même si vous ne pouvez guère influer dessus, la conjoncture générale sera néanmoins de nature à retentir sur vos futures actions. Une conjoncture globale tendue, donc un pouvoir d'achat en stagnation ou en baisse pourra vous inciter à mettre en place des actions reposant plus sur le prix que sur les services associés à votre offre, voire à élargir votre gamme en proposant un produit ou un service « premier prix ». A l'inverse, une conjoncture favorable pourra se révéler propice au lancement d'une offre au prix plus élevé.

Quoi qu'il en soit, vous ne pourrez que fort marginalement influer sur l'environnement économique mais devrez en tenir compte dans l'établissement de votre plan.

L'environnement démographique

Curieusement, bon nombre de plans marketing occultent cette dimension, pourtant souvent essentielle. Les acheteurs, qu'il s'agisse d'acheteurs individuels ou d'entreprises, connaissent des évolutions de nature démographiques notables, susceptibles d'affecter vos décisions marketing à court ou moyen terme.

Vous devez donc, suivant votre activité, prendre impérativement en considération cette dimension. A titre d'illustrations les tendances générales que sont la progression du nombre de personnes âgées, des foyers monoparentaux, du nombre de solitaires/célibataires par exemple sont susceptibles d'avoir soit un impact sur votre activité, soit de vous donner des clés d'orientations et d'actions marketing spécifiques.

L'environnement technologique

De plus en plus prégnant, ce dernier affecte un nombre croissant d'activités. Les nouvelles technologies infusent notre vie quotidienne d'une façon sans cesse croissante, de l'automobile à notre écoute de la radio, de nos téléphones au mode de réservation de nos vacances.

De nombreux marchés voient de fait leur histoire s'écrire différemment, de nouveaux débouchés émerger. Les évolutions en la matière sont incessantes et constituent, selon vos positions, autant de chances à saisir ou de menaces à contrer.

L'environnement politique et réglementaire

Les pouvoirs publics, locaux et supranationaux, oscillent entre le « laisser-faire » et l'interventionnisme. De nombreux secteurs d'activité sont donc affectés par l'évolution, passée ou à venir, du cadre réglementaire les concernant.

Ce cadre peut se desserrer, comme ce fut le cas dans le domaine du transport aérien de passagers par exemple. Dans ce domaine, les accords progressivement mis en place permettent à de nombreuses compagnies de relier dorénavant deux villes ne se situant pas dans leur pays d'origine. Citons également l'ouverture à la concurrence de plusieurs secteurs, comme l'électricité ou les jeux en ligne par exemple.
Il peut également se durcir, à l'instar des récentes décisions visant à limiter la consommation de sucre et rendant l'apposition de certaines mentions obligatoires ou encore l'instauration croissante de normes de qualité.

Dans un cas comme dans l'autre, vous devez soigneusement cerner l'environnement politique et réglementaire de votre activité et prévenir les tendances et décisions à venir.

[TÉMOIGNAGE]

« Quand nous avons lancé notre affaire de cigares, produits et distribués en France, nous avons rapidement compris que le principal problème était d'ordre légal. La demande était là, l'offre nous laissait une place pour nous installer, mais le cadre réglementaire était extrêmement contraignant. »

(Noël, dirigeant d'entreprise)

Les grandes tendances

Comme leur nom l'indique, les grandes tendances sont constituées des évolutions transversales affectant une importante partie de notre fonctionnement collectif. Plus concrètement, ces tendances, souvent transsectorielles, viennent participer à l'évolution des offres existantes ou permettre l'émergence de nouvelles offres.
Prenons par exemple le « faire soi-même ». Cette tendance nous amène à vouloir faire nous-même ce que, jusqu'alors, nous achetions ou consommions à l'extérieur. Le succès des machines à faire le pain ou permettant de boire chez soi de la bière pression s'explique entre autres par le développement de cette tendance.

Le besoin de prendre soin de soi et de son corps constitue également une tendance dans laquelle s'inscrit le développement des offres favorisant le bien-être, comme les spas ou la thalassothérapie par exemple. De nombreuses marques ont voulu, avec plus ou moins de bonheur, épouser cette tendance, même si l'échec d'Essensis de Danone en a montré, au moins un temps, les limites.

Le « vert », sous toutes ses formes, représente aussi une tendance de fond et multiforme. Se traduisant également par le besoin de prendre soin de soi (développement de l'agriculture écologique, labels « bio »), cette tendance va plus loin et, de l'automobile aux différents appareils électriques, vise à faire consommer et vivre autrement.

---

1. Le lecteur trouvera des prolongements à la définition d'un marché et aux méthodes à mettre en œuvre pour le cerner dans l'ouvrage paru dans la même collection : *Réussir ma première étude de marché*.

Le marché

Le marché constitue le lieu, virtuel ou physique, où se rencontrent l'offre et la demande[1]. Avant d'examiner en profondeur chacune d'entre elles, vous devez recueillir, concernant le marché, un certain nombre d'informations fiables.

La taille

Vous devez fondamentalement pouvoir disposer de données, même approchées, sur la taille du marché dans lequel vous vous inscrivez. Vos objectifs marketing tourneront en effet, nécessairement, autour de la notion de parts de marché que vous escomptez atteindre. Qui dit parts de marché dit au premier chef marché : vous devez donc vous efforcer de recueillir (*cf. infra* « Les outils de recueil ») ce type d'informations générales.

Ces données s'expriment sur deux modes : la valeur et le volume. La valeur consiste à apprécier un marché en fonction des ventes qui y sont effectuées, donc à sommer les prix payés par l'ensemble des acheteurs. Le volume, quant à lui, consiste à compter le nombre d'unités vendues.

Son histoire

Contrairement à ce que considèrent parfois les acteurs issus des nouvelles technologies, tous les marchés ne sont pas d'apparition récente et détiennent souvent une riche et longue histoire. Même des marchés récents, comme celui de la musique sur Internet par exemple, ont dorénavant près de 15 ans et ont connu des phases distinctes, dont la loi Hadopi constitue le dernier avatar.

La connaissance de l'histoire d'un marché peut, suivant les cas, se révéler fort enrichissante en ce sens qu'elle permet d'en dessiner les contours à venir.

Son degré de développement

Il vous importera aussi de préciser si le marché auquel vous vous intéressez est en phase d'émergence, de développement, de maturité ou de déclin.

Suivant son stade en effet, donc son potentiel à venir, les actions que vous déciderez de déclencher seront de nature différente.

A titre d'exemple, un marché mature, proche du déclin, verra plutôt des actions marketing à destination de ses propres clients être mises en place, contrairement à d'autres configurations de marchés, où ce seront plutôt les clients des concurrents qui feront l'objet des actions prévues.

Son intensité concurrentielle

Parfois liée au degré de développement, l'intensité concurrentielle d'un marché est également prédictrice du type d'actions marketing que les acteurs présents sont de nature à mettre en œuvre.

Comme son nom l'indique, l'intensité concurrentielle désigne la nature de la concurrence sur le marché. Cette dernière est souvent d'autant plus forte que le marché approche de sa maturité, donc que les parts de marché se gagnent en prenant plus des clients à la concurrence qu'en convertissant au produit ou au service des prospects pour l'instant non consommateurs.

Ses facteurs clés de succès

Tout marché est régi par des facteurs clés de succès. Il s'agit des différentes dimensions dont la maîtrise est requise pour pénétrer et prospérer sur un marché. A contrario, leur absence de maîtrise se traduit par de sérieuses difficultés d'existence, voire l'impossibilité pure et simple de pénétrer sur le marché ou d'y demeurer.

Vous devez donc impérativement les identifier, afin de vous demander ultérieurement dans quelle mesure et proportion votre structure les détient ou pas.

Très variables selon les domaines, donc reliés étroitement à votre activité, ces derniers peuvent recouvrir des champs aussi divers que les emplacements (pour les magasins très grand public ou de luxe), l'obtention d'autorisations (créneaux horaires pour une compagnie aérienne, autorisations du CSA pour émettre en modulation de fréquence...), la maîtrise de certaines compétences clés, l'accès garanti à des matières premières...

Les offreurs

Les offreurs sont les entreprises, entités ou organisations, proposant, sur le marché, une ou des offres. Vous devez naturellement les suivre régulièrement, afin d'anticiper les évolutions à venir.

De ce point de vue, la connaissance de leur histoire et le permanent suivi de l'actualité des acteurs et de leurs dirigeants sont impératifs et ressortissent du travail marketing quotidien. Ce suivi permet en effet d'anticiper les tendances et les offres à venir. Par exemple, le regroupement du parc Astérix et du musée Grévin sous la même coupe laissait présager l'émission d'offres couplées incitant les visiteurs de l'un à visiter l'autre, le développement de la grande distribution en ligne laissait imaginer l'arrivée prochaine de Franprix et Leader Price (groupe Casino) sur Internet…

Le décodage régulier des stratégies des différents offreurs permet donc d'établir une veille marketing fructueuse et notamment de vous permettre de comprendre dans quelle mesure les produits ou services dont vous assurez le marketing sont, ou pas, prioritaires pour vos compétiteurs. La connaissance de leur surface financière vous permet par ailleurs de cerner leur potentiel d'action.

Enfin, l'immersion en les offreurs doit vous amener à identifier avec précision les fournisseurs auxquels ils font appel et la nature des relations les unissant à eux.

L'offre

Un des deux parties les plus essentielles de votre diagnostic marketing externe a trait à la dissection des offres.
A cet égard, le marketing distingue traditionnellement quatre champs d'application reliés et distincts, qui seront autant de prismes au travers desquels vous disséquerez les offres de vos compétiteurs.

Ces quatre dimensions sont résumées dans le schéma ci-dessous :

LES 4 P DU MARKETING

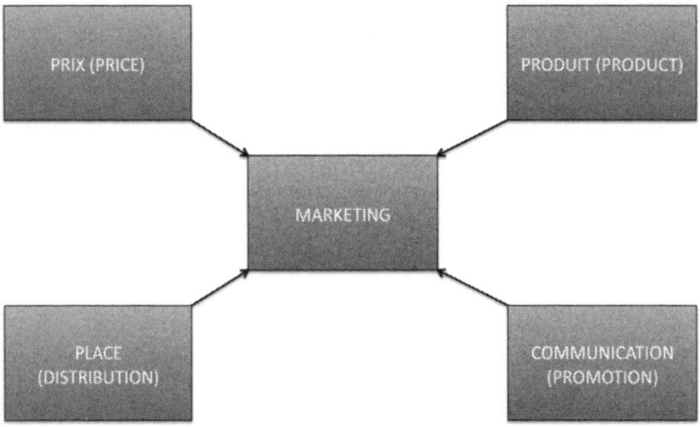

Le produit

Le produit est entendu ici au sens large et recouvre donc tous les aspects constitutifs de l'offre, son prix mis à part.

Vous devez être incollable. Vous n'avez pas le droit de ne pas tout savoir sur les offres de vos concurrents, quels que soient votre secteur, leur nature et l'aspect considéré.

Que vos compétiteurs commercialisent des services ou des biens physiques ou un couple proposant les deux ne change rien à la nature de votre démarche. Si vous œuvrez sur le marché de la grande distribution en ligne, vous devez naturellement parfaitement posséder les lignes de produits proposés et leurs prix, la largeur de gamme par types de produit, les accords préférentiels passés avec certaines grandes marques, les services associés tels que les plages de livraison, le prix de celle-ci…

Suivant les configurations et les marchés, vous devez parfaitement connaître les goûts, les formats, les tailles, les coloris, les matériaux... proposés par vos concurrents.

Vous devez également, au stade du produit, identifier et suivre les tendances dominantes. Outre la tendance « verte », déjà évoquée mais constitutive de nombreuses offres, vous devez par exemple prendre en compte celle ayant trait à la personnalisation des offres.

▸ Le prix

La deuxième dimension clé devant faire l'objet de votre part d'une investigation poussée est le prix.

Vous devez naturellement disséquer la politique tarifaire de vos compétiteurs, identifier avec précision à quelle quantité ou nature de produit ou de service correspond le prix présenté. De ce fait vous devez être capable de reconstituer la gamme d'offres proposée et les différences d'offres expliquant les différences de prix.

Le prix reflète et traduit souvent la politique commerciale de vos compétiteurs. En effet, dans de nombreux cas, le prix indiquera explicitement, de par son montant, la cible visée par le service ou le produit commercialisé.

Un examen attentif et régulier vous permettra donc de reconstituer, le cas échéant, la grille tarifaire, par cible et par période.

Mais, au-delà des constats et relevés de prix, vous devez tenter de comprendre les modalités de constitution des prix. En d'autres termes, vous devez essayer d'en identifier la structure et le mode de calcul. Pour ce faire, cherchez à connaître les prix d'achat des matières premières de toutes natures rentrant dans la composition des produits ou services et la structure de coûts de vos compétiteurs. Cette quête des modalités de constitution et de calcul des prix vous permettra de cerner dans quelle mesure certains de vos concurrents ont des « réserves », donc seront susceptibles de répondre à une action marketing de votre part sur les prix par une riposte également sur les prix.

La distribution

Troisième dimension centrale et constitutive du mix marketing : la distribution.

La question est ici de savoir comment se distribuent, par quels moyens et canaux, les produits et services de vos concurrents. Quels choix ont-ils effectué en matière de distribution ? Ont-ils opté pour une distribution sélective ou grand public ?

Certains secteurs d'activité n'ont pas véritablement le choix en ce domaine. Les produits tabagiques ne peuvent être commercialisés en dehors des bureaux de tabac, les fabricants de livres ou de CD destinés au grand public peuvent difficilement faire l'impasse sur certaines grandes chaînes de distribution de produits culturels, les journaux et magazines conçoivent malaisément de contourner les kiosques…

Au-delà de ces secteurs particuliers, les acteurs d'un secteur donné ont fondamentalement le choix entre trois options : ils décident soit de vendre seulement par eux-mêmes, soit exclusivement par le biais de tiers, soit adoptent une solution mixte et vendent par les deux canaux.

Identifier les canaux de distribution empruntés par vos concurrents revient dans un premier temps à cerner les décisions qu'ils ont prises dans ce domaine. Puis vous devrez cerner les distributeurs privilégiés, physiques ou en ligne, par vos différents compétiteurs et, le cas échéant, tenter de prendre connaissance des accords spécifiques les unissant. Enfin, tentez de savoir quel poids les différents canaux et distributeurs représentent dans les ventes de vos concurrents. Si vous décidez d'entamer une démarche de conquête vis-à-vis d'un distributeur, physique ou électronique, donné, vous saurez ainsi à l'avance dans quelle mesure vos principaux concurrents y tiennent et réciproquement.

La communication

La communication représente le quatrième pilier du marketing, donc le quatrième plan sur lequel agir.

Là aussi, vous devez en permanence demeurer informé des actions de vos concurrents.

L'identification et l'examen de ces actions vous permettront de cerner avec précision les principaux champs de la communication que sont les cibles, les discours et les médias empruntés, donc de reconstituer le plan médias de vos compétiteurs.

Tout message s'adresse en effet à une cible, c'est-à-dire un ensemble d'individus mus par des motivations analogues et formant un tout cohérent. Que votre cible, ou celle de vos concurrents, soit constituée de particuliers (B to C ou business to consumers) ou d'entreprises (B to B ou business to business) ne change rien en l'espèce. En effet, ce ne sont en fait pas les entreprises qui constituent la cible en B to B, mais certains collaborateurs (les directeurs financiers, les directeurs des systèmes d'information, les responsables de la logistique...) de ces dernières. Une cible est donc en définitive toujours composée d'individus.

La communication a pour vocation d'émettre un message à destination d'une cible, afin d'inciter cette dernière à effectuer une action.

Les messages émis par vos concurrents, si vous les analysez avec soin, vous renseignent en effet d'une triple façon. Vous pouvez en effet en déduire la cible visée, l'avantage concurrentiel mis en avant et, de par le ton de la communication, la façon dont votre concurrent se positionne et aspire à être perçu.

La compréhension du mix marketing de chacun des acteurs présents sur le marché vous permettra de procéder, comme l'illustre le schéma ci-dessous, à la segmentation de celui-ci et à la détection des avantages concurrentiels détenus par chacun :

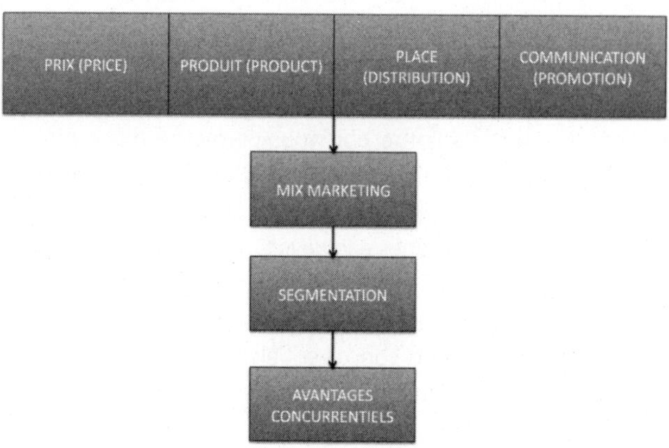

La segmentation

L'examen approfondi de l'offre doit vous permettre de parvenir à l'établissement d'une segmentation de celle-ci, c'est-à-dire son découpage en morceaux, de façon à obtenir des sous-ensembles logiques. Ces sous-ensembles, regroupant certaines offres, doivent être tout à la fois disjoints entre eux et homogènes en leur sein. En d'autres termes, une offre doit appartenir à un segment et un seul et, au sein d'un segment, les offres doivent présenter de nombreux caractères de proximité.

Si nous prenons l'exemple du secteur de l'hôtellerie, celui-ci présente une segmentation de l'offre assez nette, reposant sur le nombre d'étoiles des établissements et des chaînes. Sur de nombreux plans en effet, les hôtels Formule 1 ne se comparent pas aux Sofitel ! Le premier critère de segmentation – le nombre d'étoiles – peut naturellement être enrichi par un second (centre-ville/périphérie par exemple), affinant ainsi l'examen et le découpage de l'offre.

La finalité de la segmentation demeure naturellement le positionnement de votre propre offre par rapport aux autres offres existantes.

La segmentation de l'offre doit vous permettre d'aboutir à la segmentation (cf. infra « La demande ») de la demande, donc de distinguer, au sein des clients actifs ou potentiels, ceux qui sont vos clients ou destinés à le devenir.

Enfin, ce travail d'analyse des offres doit vous permettre de distinguer les avantages concurrentiels dont a su se doter, de son point de vue tout du moins, chacun des acteurs opérant sur votre marché. Les avantages concurrentiels, comme leur nom l'indique, représentent les atouts dont chaque compétiteur a su se doter sur un marché et qui rendent son offre séduisante : l'un apparaît comme le « champion de la livraison rapide », l'autre évoque la satisfaction de ses clients, le troisième l'ampleur du choix de produits qu'il propose, le quatrième son ancienneté sur le marché, gage de qualité, le cinquième ses prix bas…

La demande

La demande est constituée, suivant la définition que vous adopterez au regard de votre marché, de l'ensemble des clients, potentiels, actifs ou inertes. Les clients inertes sont ceux qui ont été actifs, donc qui ont acheté ou consommé mais ont cessé de le faire. Vous devez, concernant la demande, vous adonner là aussi à des recherches multiples, ayant pour vocation de vous permettre de vous immerger au mieux en elle et d'obtenir les réponses les plus précises et les plus régulières possibles aux points développés ci-dessous.

Son volume

Vous ne pourrez pas faire de marketing, donc déclencher des actions en direction de votre demande, si vous n'avez pas une claire connaissance de son volume et de son envergure. C'est en effet la connaissance que vous avez du volume de votre demande potentielle qui vous aidera à déterminer le nombre de clients que vos actions marketing auront vocation à vous permettre d'obtenir. Si, par exemple, votre offre est destinée aux entreprises travaillant dans le domaine de la réparation automobile, il est dans un premier temps essentiel que vous en cerniez le nombre (630 000 en 2008, source Insee), pour ensuite affiner les données recueillies, en fonction de leur emplacement, de leur ancienneté, du nombre de collaborateurs par exemple. Cette démarche en entonnoir, ici appliquée, vaut naturellement quelle que soit votre cible.

▸ Ses caractéristiques

Au-delà de son volume, une demande se caractérise par deux types principaux d'éléments, les éléments de nature sociodémographique et les éléments de nature psychologique.

Les données sociodémographiques sont celles vous permettant de savoir qui sont vos clients ou les clients de vos concurrents. Résultant de la réalisation d'études quantitatives (*cf. infra* « Les outils de recueil »), ces informations concernent le sexe, l'âge, le type d'habitat, le niveau d'études et de revenus…

Ces informations de premier rang vous servent à cerner vos clients et, le cas échéant, à percevoir des différences de profil entre vos clients et ceux de certains de vos concurrents. Le fait que, par exemple, vous constatiez que votre clientèle est plus jeune que celle de vos concurrents vous sera fructueux lors de la conception des actions de communication en sa direction par exemple.

Mais vous devez aller nettement plus loin. Votre démarche à l'endroit de la demande doit être réellement de nature immersive. Plus vous vous projetterez en elle, plus vous la comprendrez et saurez ensuite vous adresser à elle. C'est pourquoi vous devez cerner sa psychologie globale, donc son rapport à son environnement.

En d'autres termes, de quel type de gens s'agit-il ? Comment fonctionnent-ils ? Qu'est-ce qui les amuse, les hérisse, les indispose ? Quel est leur rapport à l'argent, à la politique, à l'environnement ? Bien que demeurant à ajuster en fonction de vos produits et services, ces thèmes montrent bien que la connaissance intime de sa demande va bien au-delà des simples relevés de vente...

Ses motivations

Quel que soit le produit ou le service que vous commercialisez, ses acheteurs, effectifs ou potentiels, ont au moins une raison pour acheter. Sinon, sauf cas particulier, ils n'achètent pas !

Vous devez impérativement savoir ce qui motive vos acheteurs et ceux de vos compétiteurs, les amène à éprouver le besoin de se procurer votre bien ou service. Sont-ce des besoins primaires ou recherchent-ils un certain type de plaisir, une satisfaction, une image d'eux-mêmes ? Cherchent-ils à satisfaire un besoin (ou à s'en convaincre) ou s'inscrivent-ils préférentiellement dans une démarche de type hédoniste ? Comprendre les motivations de votre demande, de premier rang et, le cas échéant, profondes, vous permettra de vous adresser plus finement à elle.

Leur processus de choix

Le marketing est influence. Votre propos va consister, au travers des actions que vous allez mettre en place, à chercher à influencer votre cible. Pour l'influencer le plus efficacement possible, vous devez disséquer la façon dont s'y prennent vos clients et prospects pour choisir, sur votre marché, un produit ou un service.

Cela revient à dire que vous devez comprendre, de l'intérieur, comment ils fonctionnent, au travers de plusieurs questions.

La première de celle-ci doit vous amener à savoir si votre produit ou votre service revêt de l'importance pour ceux à qui il est destiné. Dans le cas d'une réponse négative, cela signifie simplement que vous devrez vous efforcer de faciliter le plus possible l'accès au produit ou au service, que vos clients n'estiment pas avoir à perdre de temps pour se le procurer ou le faire fonctionner par exemple, donc qu'ils attendent de vous au premier chef maniabilité et simplicité d'utilisation.

Deuxième question : comment s'y prennent-ils pour s'informer des offres existantes ? Le temps et les moyens que met en œuvre une cible pour s'informer des différentes offres et les comparer entre elles dépendront de son rapport au produit, donc de la réponse à la première question. Combien de temps consacre-t-elle à la recherche d'informations ? Question corollaire : quelles sont les sources auprès desquelles elle s'informe ou se documente ?
Cette question corollaire nous fait arriver à la troisième question importante : quelles sont les sources qui peuvent l'influencer, la convaincre, si possible en votre faveur ? Quelles revues spécialisées lit votre cible, quels sites Internet fréquente-t-elle, quel type de personnes dans son entourage est-il susceptible de l'influencer ?

Cet aspect touchant à l'entourage doit vous amener à vous demander – quatrième question – quelles sont les parties prenantes dans la décision, dans l'achat et dans la consommation de votre produit ou de votre service.

Cette notion de chaînage est centrale. Que votre produit soit appelé à être acheté par des consommateurs finaux ou des acheteurs en entreprise ne change rien à la nécessité d'identifier avec soin les différents intervenants et leurs rôles respectifs.

Comme le représente le schéma ci-dessous, les intervenants peuvent en effet être de plusieurs natures :

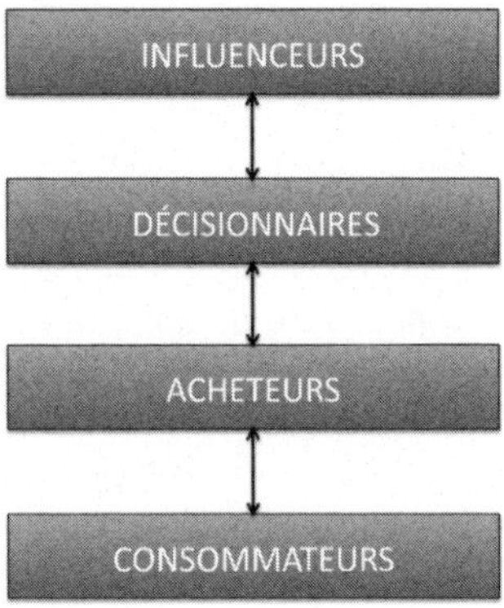

Que vous vous situiez en milieu professionnel ou travailliez à convaincre des acheteurs particuliers vous impose en tout état de cause d'identifier les influenceurs. Ces derniers, souvent sollicités de par la compétence ou l'expérience qui est la leur, réelle ou admise, jouent un rôle non négligeable dans la décision d'achat.
Suivant les cas et les marchés s'établit par ailleurs, notamment en milieu professionnel, une distinction entre les décisionnaires et les acheteurs. Enfin, tous les acheteurs ne consomment pas ce qu'ils achètent et tous ceux qui consomment n'achètent pas forcément (comme les parents et les enfants par exemple).

Enfin, cinquième question : quels sont ses critères de choix ? En fonction de quoi, de quel paramètre votre cible effectue-t-elle son choix ?

La connaissance des critères et paramètres de choix est pour vous essentielle. Ils sont autant de leviers que vous allez tenter d'actionner dans votre programme marketing. Ces derniers varient en effet suivant les marchés et les cibles, justifiant donc une recherche approfondie.

Point ne sera en effet besoin de mettre en place des actions jouant sur le prix si votre demande n'y est pas fondamentalement sensible. Si, en revanche, vous détectez son besoin de différenciation, de confort, de praticité ou d'accessibilité à l'offre par exemple, vous saurez alors sur quels leviers agir.

Sa segmentation

Comme vous vous êtes adonné à la réalisation d'une segmentation de l'offre, vous devez également effectuer une segmentation de la demande.

Cela revient à dire que vous devez identifier des regroupements de clients opérationnels qui vous permettent ensuite de vous adresser à eux de façon distincte, par le moyen d'action qui lui sera propre.

Cette segmentation concernera tout d'abord la demande prise globalement, incluant donc la vôtre et celle de vos compétiteurs.

Puis vous effectuerez naturellement la segmentation de votre propre demande. Tous vos clients ne sont pas égaux : certains achètent ou consomment peu souvent mais beaucoup à chaque fois, d'autres plus fréquemment mais dans de moindres proportions. La segmentation de votre clientèle prendra donc vraisemblablement, sur une base temporelle donnée, en considération des critères tels que la fréquence d'achat, le type d'achats, le montant moyen des achats, voire le croisement de plusieurs critères.

[TÉMOIGNAGE]

« Pour nous, ce qui est important, c'est que les gens reviennent souvent, s'habituent au site. Un critère essentiel est alors la fréquence d'achat. Je préfère des gens qui achètent peu et souvent que des gens qui achètent beaucoup, mais plus rarement. Je fais des actions en direction des deux, mais privilégie les premiers. »

(Sophie, chargée du marketing d'un site de ventes aux enchères)

Sa définition de votre champ concurrentiel

Nombreux sont les gens de marketing, et a fortiori les autres, commettant l'erreur de considérer qu'ils sont les mieux placés pour définir leur concurrence. C'est en grande partie inexact.

Certes, les dirigeants marketing d'une activité ou d'un secteur ont une bonne appréhension de leur univers concurrentiel. Mais, pour autant, ils n'ont pas toujours raison et seule la demande, celle qui achète et consomme leur produit et ses concurrents, décide au fond, en hésitant entre plusieurs et en choisissant un produit, du champ concurrentiel dans lequel elle inscrira le produit.

Un fabricant de cola considérera que sa boisson n'est pas concurrente de la bière et réciproquement. Il n'empêche que si une partie des consommateurs, au moins de temps à autre, hésite entre une bière et un cola, parce que les deux ont une fonction désaltérante, ce sont eux qui ont raison. La demande active impose donc sa façon de concevoir et de voir aux dirigeants marketing de l'offre. Cet état de fait rend essentielle votre connaissance de la façon dont votre demande vous perçoit, dans quel univers elle vous situe, dans quel champ de choix elle vous inscrit.

Cette connaissance est d'autant plus importante pour vous qu'elle peut vous permettre d'identifier ce qu'il est convenu d'appeler la concurrence indirecte. La concurrence indirecte, là aussi définie par la demande, consistera en des produits et services différents de votre offre, mais remplissant, pour la demande, la même fonction. Ce sera par exemple le cas, pour une partie des détenteurs de téléphone portable, qui considéreront que ce dernier remplit de façon satisfaisante la fonction de montre ou de réveil, au grand dam des fabricants de montres ou de réveils...

Comme le diagnostic interne avait vocation à appréhender les forces et faiblesses internes à votre organisation, le diagnostic externe cerne donc les menaces et opportunités. C'est à l'intersection de ces quatre dimensions que se situera votre plan marketing.

Celui-ci tentera en effet, autant que faire se pourra, de s'appuyer sur vos forces et de profiter des opportunités détectées, en se gardant des faiblesses et en veillant à circonscrire les menaces.

Les outils de recueil[2]

Les très nombreuses informations que nous venons d'évoquer seront donc indispensables à la confection de votre plan marketing. Il convient donc que vous mettiez en œuvre les moyens nécessaires à leur obtention.

Ces moyens peuvent être regroupés en quatre familles d'outils.

Les études documentaires

Comme leur nom l'indique, les études documentaires reposent sur l'examen d'une documentation. Il s'agit de données dont vous n'êtes souvent pas le producteur.

La première démarche à entreprendre consiste... à faire le tour de votre propre organisation. Vous serez surpris de constater à quel point les entreprises disposent souvent d'informations pertinentes dont elles n'ont pas forcément connaissance.

Notamment au stade du recueil d'informations sur votre environnement et des tendances générales, la consultation des études de marché peut être très fructueuse. Que ces dernières soient d'origine publique, comme des études émanant de ministères, du Sénat ou d'entités publiques, ou privée (cabinets d'études comme Xerfi, instituts de sondages...), elles recèlent des informations souvent irremplaçables.

Doivent être également consultées ici les sources professionnelles, comme les syndicats ou les associations de représentation d'une profession. Ces dernières publient en effet régulièrement

2. Cf. *Réussir ma première étude de marché*, dans la même collection.

des données résultant de la compilation de celles transmises par leurs membres, fournissant ainsi d'utiles indications sur la tendance d'un marché ou d'une activité.

Il incombe à l'équipe marketing en place dans votre structure d'effectuer une veille permanente des informations en ces domaines, afin de pouvoir en effectuer la synthèse la plus actualisée possible préalablement à la conception du plan marketing.

▸ Les études d'observation

Suivant les métiers et les activités, les études d'observation peuvent jouer un rôle irremplaçable. Elles consistent fondamentalement à regarder les clients ou prospects en train de réaliser tout ou partie d'un processus d'achat. Dans certains cas, cette observation peut être dirigée ou canalisée.

La simple observation de clients évoluant dans un espace de vente est souvent très fructueuse : quel itinéraire empruntent-ils ? Comment se repèrent-ils ? Où et devant quoi s'arrêtent-ils ? Comment prennent-ils en main, le cas échéant, les produits ? Comment les tiennent-ils ? Que regardent-ils en premier ? Puis ensuite ?

[TÉMOIGNAGE]

« Nous faisons souvent des études d'observation à la demande de nos clients. Les marques se demandent de plus en plus comment rendre les espaces de vente explicites, accueillants et incitatifs. Nous complétons parfois l'observation par des questionnaires, mais ce premier stade de recueil est déjà très enrichissant. »

(Bastien, directeur d'études dans un institut de sondages)

Cette démarche d'observation peut prendre une tournure un peu plus dirigée, dans le domaine des sites Internet notamment.

Des internautes cobayes sont alors sollicités pour naviguer sur un site donné, à leur convenance, puis de rendre compte des impressions qu'ils éprouvent face à la mise en page, au vocabulaire retenu, à la clarté des instructions données. Il leur est ensuite souvent demandé d'effectuer des missions, c'est-à-dire de s'adonner, sur le site, à un achat par exemple. L'observation porte alors sur la façon dont ils s'y prennent, l'utilisation ou pas du moteur de recherche, la compréhension du processus d'achat et de ses différentes étapes, les commentaires et critiques qu'ils effectuent librement au fur et à mesure du déroulement du processus d'achat...

Vous pourrez utiliser ces méthodes avec profit dès lors que vous éprouvez le besoin de savoir, de vérifier ou d'approfondir ce qui compte en définitive pour vos clients ou vos prospects.

A titre d'illustration, de très nombreux sites Internet se focalisent, parfois de façon excessive, sur l'esthétique et la facilité de navigation. Ces dimensions sont certes importantes, mais la forme ne doit jamais primer le fond. Certains sites rencontrant un succès très important[3] présentent une esthétique minimaliste et des fonctionnalités réduites, mais rendent un service spécifique expliquant leur succès.

3. Comme www.leboncoin.fr ou www.priceminister.com

Les études qualitatives

Au-delà des études d'observation, l'immersion dans la demande peut également s'effectuer au travers d'études dites qualitatives.

Ces dernières ont vocation à apporter des réponses approfondies à des questions du type « pourquoi » ou « comment ». Elles seront donc préférentiellement utilisées pour comprendre les freins ressentis par tout ou partie d'une cible, les motifs réels l'amenant à faire ou à ne pas faire, les enjeux, sociaux par exemple, qu'elle estime être sous-jacents à l'usage d'un produit ou d'un service.

Imaginons que vous envisagiez le lancement d'un nouveau produit ou d'une nouvelle offre. Vous recourrez vraisemblablement à ce type d'outil. Ces études sont en effet souvent employées avec profit dans le cadre de la réflexion précédant le lancement éventuel d'une offre, afin d'en définir les contours, de cerner les freins et leviers de motivation, le niveau d'intérêt et d'acceptabilité.

Qu'elles soient menées au travers d'entretiens individuels ou de réunions de groupe, les études qualitatives apparaissent donc riches d'enseignements.

Les entretiens individuels qui, comme leur nom l'indique, consistent à recueillir le point de vue d'une personne à la fois, sont effectués sur la base d'un guide d'entretien. Si le participant demeure libre de ses réponses, son interlocuteur possède une idée précise des points qu'il souhaite aborder, de l'ordre de traitement de ceux-ci et du temps qui sera consacré à chacun.

Les analyses des parcours de sites Internet évoquées plus haut ressortissent par excellence des entretiens individuels. Les entretiens individuels sont en effet adéquats dès lors que l'objet de la recherche est par nature individuel, ce qui est le cas de la fréquentation et de l'usage d'un site. Ils conviennent également lorsque le sujet est d'ordre intime ou privé, faisant alors malaisément l'objet d'un débat ou d'un entretien avec d'autres participants.

Suivant le domaine d'activités qui est le vôtre, vous recourrez aux entretiens individuels, sauf si le sujet que vous souhaitez aborder peut faire l'objet d'une discussion et d'un débat de groupe.

Les réunions de groupe réunissent une dizaine de participants, sélectionnés en fonction de leurs caractéristiques personnelles (sexe, âge...) et liées au sujet (petits consommateurs, non-consommateurs...). Dirigées par un animateur, elles permettent non seulement de recueillir le point de vue et la perception de chacun, mais également de retirer un profit de la confrontation des opinions, points de vue et positions des différents participants. Par construction, elles sont plus adaptées dès lors que le sujet s'y prête, qu'il est possible de réunir les participants et que la divergence des points de vue présente un intérêt pour vous.

[TÉMOIGNAGE]

« Nous avons effectué plusieurs réunions de groupe l'année dernière. Cela a été très utile, parce que chaque groupe mélangeait des gens qui étaient pour notre service et d'autres qui n'en voyaient pas vraiment l'intérêt. La confrontation était riche, parce que chaque camp donnait des arguments en faveur de sa position. Les arguments des uns et des autres nous ont ensuite beaucoup servi pour affiner le discours sur le service. »

(Sylvaine, créatrice d'une chaîne de produits bio)

Si les études qualitatives permettent d'apporter des réponses aux questions « comment » ou « pourquoi », elles ne permettent en revanche pas d'obtenir des réponses aux questions « quand », « qui », « où », « combien ». Les réponses à ce type de questions sont obtenues au travers de la réalisation d'enquêtes quantitatives.

Les études quantitatives

Les études quantitatives, plus communément baptisées « enquêtes par sondage », procèdent à l'interrogation d'importants échantillons de la population visée. Cette interrogation permet, sous certaines précautions statistiques, d'extrapoler à une population plus large les résultats obtenus par sondage auprès d'un échantillon de celle-ci.

De plus en plus simples de réalisation grâce à Internet, les études quantitatives doivent être accompagnées de la prise d'un certain nombre de mesures préventives.
Les deux précautions essentielles à prendre concernent l'échantillonnage et le questionnaire.

Le principe fondateur des études quantitatives réside dans le fait qu'un échantillon, donc un extrait d'une population, a la capacité de refléter et de rendre compte de cette population dès lors que sa représentativité en est assurée. En d'autres termes, l'extrait, donc l'échantillon, doit présenter les mêmes caractéristiques, les mêmes proportions que la population qu'il a vocation à représenter.

La seconde précaution majeure à prendre, avant la réalisation d'une étude quantitative, consiste à bien prendre conscience du fait que la rédaction d'un questionnaire ne s'improvise pas. Si rien ne semble plus simple, en apparence, que de poser des questions pour obtenir des réponses, l'expérience montre que la rédaction de questions de sondages résulte d'une véritable pratique et nécessite une solide expérience.

Il s'agit donc véritablement d'un domaine dans lequel l'appoint d'un professionnel est requis, compte tenu notamment des enjeux des décisions appelées à être prises suite à la réalisation des études quantitatives.

[PARTIE III]

LE PLAN MARKETING EN ACTION

Vous avez, à ce stade, récolté les informations dont vous avez besoin. Vous avez une vision claire de votre propre organisation, de ses aptitudes et de ses limites, du (ou des) marché(s), des attentes de la demande cible et des capacités de vos concurrents.

Vous devez maintenant soit établir la stratégie marketing de laquelle découlera votre plan, soit prendre connaissance de celle-ci si cette dernière a été définie par un tiers.

1- LES OBJECTIFS MARKETING

La stratégie marketing présuppose que des objectifs globaux ont été définis. Ces derniers établis, elle décrit alors les moyens généraux permettant de les atteindre. Ces moyens passeront par la conception et la mise en œuvre d'actions concrètes, comme le résume le schéma ci-dessous :

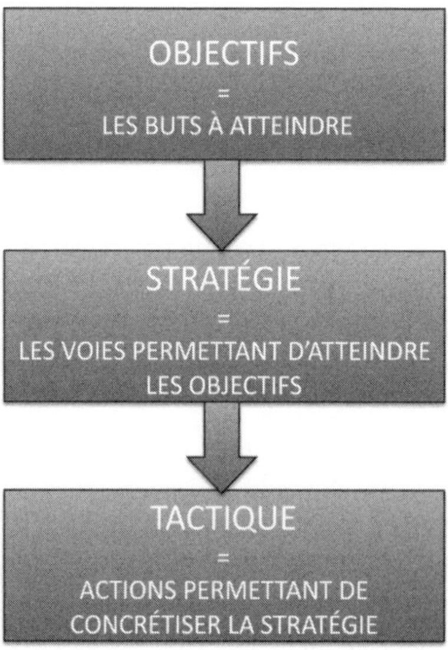

Les différents types d'objectifs marketing

Si les objectifs marketing peuvent être de différentes natures, ils ne seront jamais déliés des objectifs stratégiques de votre organisation.

▸ Objectifs de chiffre d'affaires ou de vente

Par construction liés au métier qui est le vôtre, vous exprimerez ces objectifs en valeur ou en volume. Que vous commercialisiez des produits manufacturés ou des services, des biens immobiliers ou des couverts dans un restaurant, vous êtes à même de quantifier, en volume, en chiffre d'affaires ou en marge, vos objectifs.

Pour ce faire, vous tiendrez compte de la taille de votre marché, de son évolution, passée et à venir, des ventes de vos concurrents et de vos ventes antérieures. Vous devez naturellement également tenir compte de vos capacités de production (machines, ressources humaines, espace disponible...) et d'investissement marketing.

Vos objectifs peuvent néanmoins reposer sur le constat que votre croissance a été très rapide et qu'il vous faut stabiliser la situation. Si tel est le cas, vous vous fixerez des objectifs de consolidation de marge, non de croissance du chiffre d'affaires à tous crins.

Vous devez naturellement affiner vos objectifs par sous-période (semestres, trimestres, mois le cas échéant) et par ligne de produits.

Objectifs financiers ou de rentabilité

Certaines organisations fixent les objectifs marketing en les exprimant sur un plan financier. Ces derniers reposeront alors par exemple sur des notions de marge, de retour sur investissement des dépenses engagées, donc de rentabilité.

Objectifs de parts de marché

Les objectifs de parts de marché répondent souvent à une logique de taille critique. Sur de nombreux marchés en effet, notamment ceux travaillant avec la grande distribution, la part de marché, autrement dit la proportion du marché que vous représentez, présente rapidement un caractère crucial. Il est en effet des seuils, parfois symboliques, à franchir ou à ne pas franchir, à la baisse par exemple.

Exprimé, là aussi, en volume ou en valeur, l'objectif de part de marché présuppose naturellement que vous savez, d'ores et déjà, quelle est votre part de marché et celles de vos compétiteurs, donc que vous vous situiez sur un marché solidement mesuré. Une fois établi, cet objectif se devra d'être néanmoins associé à des actions concrètes, qui garantiront par exemple les prix en dessous desquels vous refuserez de vous rendre, les actions de communication que vous comptez entreprendre. La question corollaire, souvent occultée, à un objectif de part de marché consiste en effet à se demander d'où vont venir les nouveaux clients et contrats appelés à étoffer votre portefeuille.

Essentielle, la réponse à cette question est double. Vos nouveaux clients peuvent venir de vos concurrents, à charge pour vous de définir lequel vous visez, ou de non-consommateurs du produit que votre offre ferait basculer.

Objectifs d'image

A partir du moment où vous avez constaté, lors de votre travail de diagnostic, que votre entité souffrait, dans certains domaines ou registres d'image, de retards importants et préjudiciables, vous pouvez établir comme objectif de viser à combler une partie de ces retards.

Pour autant, ils seront, eux aussi, nécessairement exprimés sur un mode quantitatif. Imaginons que vous ayez constaté, au travers de l'analyse des résultats d'études d'image, que votre entreprise ou votre produit souffrait d'un retard sur des composantes d'image importantes par rapport à ses concurrents. Si tel est le cas, vous vous fixerez alors comme objectif d'améliorer cette image, de la raffermir sur les composantes perçues comme faibles par la demande et importantes pour elle.

Considérons que vous avez, d'après la demande, l'image d'une entreprise aux produits peu fiables. Si 25 % de votre cible considère que vos produits ne sont pas suffisamment fiables, votre objectif consistera alors à atteindre par exemple, à la fin de l'année suivante, le taux de 20 ou de 15 % et à faire savoir que la fiabilité de vos produits progresse et progressera encore.

Objectifs de notoriété

Vous avez sans doute constaté, toujours durant votre audit marketing, que votre entreprise ou vos produits souffraient d'un déficit de notoriété. Autrement dit, qu'ils étaient moins connus que leurs concurrents.
Là aussi, vous pouvez considérer que ce retard vous est préjudiciable. Si la proportion de ceux qui achètent ou consomment votre produit, rapportée à ceux qui le connaissent, est élevée,

vous pouvez considérer que la progression de la notoriété entraînera mécaniquement une progression des ventes. Vous vous fixerez alors un objectif de progression de votre notoriété.

▸ Objectifs de fidélité

L'examen de votre portefeuille de clients vous a amené à constater que la rotation en était élevée, autrement dit que nombreux étaient les clients qui ne revenaient pas et donc n'achetaient ou ne consommaient qu'une fois.

Certaines activités sont, par nature, dans ce cas, tel un restaurant situé dans un lieu très passant par exemple. Mais la fidélisation coûte toujours moins cher et rapporte toujours plus que la conquête de nouveaux clients.

Vous pouvez donc vous fixer comme objectif d'accroître le nombre de clients fidèles, donc achetant chaque année, et mettrez ensuite, au stade des moyens, les outils nécessaires en place, comme une efficace et motivante politique de fidélisation par exemple.

▸ Objectifs de satisfaction des clients

De nouveau, l'examen approfondi de votre demande vous a amené à observer que la proportion de clients infidèles était très élevée. En affinant votre analyse, vous avez compris que cette rotation importante était due à l'insatisfaction relative de vos clients. Certaines dimensions du service rendu ne leur conviennent pas (amabilité du personnel, rythme de livraison par exemple), expliquant leur propension à ne pas vous demeurer fidèle.

Aspirant à accroître la fidélité de vos clients, vous décidez alors de fixer un objectif de progression de leur satisfaction, ce qui présuppose naturellement que vous avez d'une part identifié leurs motifs d'insatisfactions puis que d'autre part vous allez être capable de mettre en place des mesures efficaces pour traiter ces motifs.

▸ Objectif en termes de nombre de clients

Parfois proche de l'objectif de parts de marché, mais exprimé en nombre de clients, cet objectif part du constat que votre portefeuille de clients ne progresse pas assez rapidement, ou moins vite que celui de vos concurrents par exemple. Si vous vous situez sur un marché où les clients sont fidèles et achètent fréquemment, vous avez intérêt à faire progresser votre nombre de clients.

▸ Objectifs en termes d'innovation

Constatant la tendance de leur entreprise à « ronronner » un peu, ou parce que se situant sur des marchés mus par l'innovation, certains dirigeants vont jusqu'à fixer des objectifs en la matière.

[TÉMOIGNAGE]

« J'ai travaillé chez un afficheur il y a de nombreuses années. Le nouveau président avait compris que l'entreprise se reposait un peu sur ses lauriers, mais que les lauriers commençaient un peu à faner. Pour secouer les équipes, il avait fixé comme objectif la production d'une innovation par mois. C'était motivant pour tout le monde, mais les moyens ne suivaient pas toujours. »

(Chantal, directrice financière dans la publicité)

Les objectifs en termes d'innovation se doivent naturellement de clarifier préalablement ce en quoi consiste une innovation. Et, afin d'éviter que ces objectifs ne soient remplis par la simple production d'innovations peu utiles, ils sont la plupart du temps associés à des objectifs de vente (« Les innovations doivent représenter 5 % des ventes en année 1, 12 % en année 2... »).

Leurs caractéristiques

Quels que soient les objectifs que vous allez fixer (ou que vous vous approprierez si vous n'en êtes pas l'auteur), ces derniers devront posséder plusieurs qualités.

Ils doivent être datés

Les objectifs doivent par construction porter sur une période donnée. Même si la période la plus souvent usitée demeure l'année, il convient de le préciser.

De plus, vous pouvez avoir intérêt à prévoir des sous-périodes, comme les trimestres ou les semestres par exemple, et ventiler ainsi plus finement vos objectifs. Cette façon de faire vous permettra, sans attendre la fin de l'année (!), de constater que vous êtes en ligne ou pas avec vos objectifs et d'en tirer les conséquences en accentuant ou renouvelant vos actions par exemple.

Ils doivent être chiffrés

Un objectif non accompagné de données chiffrées n'en est tout simplement pas un ! Vous ne devez donc ni émettre ni accepter un objectif simplement formulé comme « *Augmenter les ventes* », « *Accroître la satisfaction des clients* » ou encore

« *Gagner de nouveaux comptes* ». Cette formulation est insuffisante, donc inopérante, tant qu'elle n'est pas accompagnée de chiffres précis.

Vos objectifs doivent donc être formulés comme suit : « *Augmenter les ventes de 12 %* », « *Faire passer la satisfaction des clients de 55 à 65 %* », « *Gagner 20 nouveaux clients* »...

Ils doivent être cohérents

Cette cohérence doit naturellement dans un premier temps s'apprécier au regard des objectifs et moyens généraux de votre structure : rien ne sert de fixer des objectifs de vente volontaristes si la production ne peut pas suivre.
De plus, les objectifs proprement marketing se conjuguent souvent au pluriel. Cela signifie que vous devez en établir plusieurs et donc veiller à leur cohérence. Cela signifie que vos objectifs ne doivent pas apparaître comme incompatibles ou que l'atteinte de l'un pourrait se faire au détriment de l'atteinte d'un autre.

Fixer par exemple des objectifs de maintien ou d'amélioration de la marge peut devenir contradictoire avec l'objectif consistant à conquérir de nouveaux clients : le coût d'acquisition de ces derniers risque en effet, sauf exception, dans un premier temps de retentir sur la marge...

Ils doivent être hiérarchisés

Vos différents objectifs ne sont certainement pas à mettre sur le même plan. Certains sont, à vos yeux, plus essentiels que d'autres. En d'autres termes, vous devez établir une hiérarchie entre eux, ne serait-ce que, en cas de tension de la conjoncture, savoir sur lequel vous entendrez mettre l'accent et ceux sur lesquels vous serez prêt à renoncer pour une part. Ce type de décision, délicate, ne doit surtout pas être prise dans l'urgence et doit donc s'anticiper.

Ils doivent être volontaristes et demeurer accessibles

Tout objectif chiffré navigue au fond entre deux obstacles : le premier consiste à le fixer de façon trop timorée, le second de façon trop ambitieuse.
Le bon objectif est en définitive celui qui paraît accessible avec des efforts. Son atteinte passe certes par des efforts, mais chacun sait que les efforts en question doivent permettent de l'atteindre.

Ils doivent être expliqués et partagés

Des objectifs ne valent rien s'ils ne sont pas partagés par tous. Partagés par tous signifie que vos objectifs, ou ceux qui seront devenus les vôtres, auront d'autant plus de probabilité d'être atteints que toutes les parties prenantes seront associées.

Cette association peut naturellement s'effectuer au stade même de la fixation des objectifs. Par défaut, elle doit fondamentalement intervenir ensuite, préalablement à la mise en œuvre des moyens destinés à permettre leur atteinte.

[TÉMOIGNAGE]

« Chez nous, le problème c'est que les objectifs viennent d'en haut, sans discussion ni échange. Le résultat, c'est que les commerciaux ne sont pas très motivés, ils n'ont décidé de rien et pourtant ils connaissent bien le marché. »

(Aurélie, responsable marketing dans l'hôtellerie)

Les directions marketing sous-estiment souvent cette dimension, pourtant centrale dans la future implication des équipes, voire des fournisseurs ou des distributeurs.

2. LA STRATÉGIE MARKETING

Deuxième étage de la fusée, la stratégie décrit les moyens généraux à mettre en œuvre pour atteindre les objectifs marketing. Elle s'inscrit naturellement sur la stratégie générale de l'entreprise, laquelle tient notamment compte des forces et faiblesses et de la position de l'organisation sur son marché. Puis, plus précisément, elle s'ancre et se développe tout à la fois à partir du diagnostic et des objectifs.

Elle fournit en définitive le cadre aux futures actions appelées à constituer le bras armé de votre plan marketing.

Les stratégies possibles

Il existe, selon Michael Porter, professeur de stratégie d'entreprise à Harvard, deux grandes stratégies possibles : la stratégie de domination par les coûts, consistant à être moins cher que les autres offreurs, et la stratégie de domination par la différenciation, se traduisant par une prééminence (ou plusieurs) dans un domaine donné (le service, la livraison, le conseil...).

Etabli il y a plus de vingt ans, ce distinguo apparaît à certains, dont l'auteur, comme un peu factice, la domination par les coûts consistant, au fond, à proposer une différenciation...

Quel que soit son domaine d'activité, une organisation, à but non lucratif ou pas, ne dispose, fondamentalement, pour se développer, que de deux voies essentielles :
- vendre à des prospects qu'elle n'a pas encore comme clients ;
- vendre plus aux clients qu'elle a déjà.

Ces deux voies peuvent être représentées comme ci-dessous :

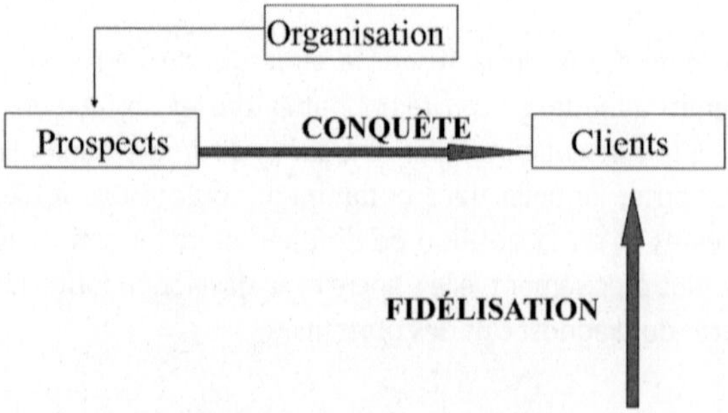

Cela revient à dire que toute entreprise devra partir de ce diptyque pour concevoir sa stratégie marketing.

Ce diptyque sera affiné par marchés, suivant que l'entreprise envisage de demeurer sur son ou ses marché(s) de départ, ou de s'attaquer à des marchés nouveaux.

Il est alors possible d'aboutir[1] au tableau tridimensionnel suivant :

		Produits	
		Actuels	Nouveaux
Marchés	Actuels	Clients actuels (1) ou Clients nouveaux (2)	Clients actuels (3) ou Clients nouveaux (4)
	Nouveaux	Clients actuels (5) ou Clients nouveaux (6)	Clients actuels (7) ou Clients nouveaux (8)

1. Cf. P. Villemus, *Le Plan marketing à l'usage du manager*, Eyrolles, 2009.

La réflexion préalable à la stratégie marketing de toute organisation consistera donc à se demander si la cible privilégiée des actions marketing à venir est constituée de la clientèle actuelle ou d'un autre segment, si l'intention de l'entreprise est de s'adresser à cette cible avec ses produits ou services actuels ou avec une nouvelle offre, si elle entend par voie de conséquence demeurer sur le même marché ou en attaquer un ou plusieurs autres. Huit combinaisons sont alors possibles.

Une partie de la réponse à cette question réside naturellement en les objectifs stratégiques de l'entreprise. Une autre partie résultera des outils de gestion de la relation client dont l'entreprise dispose.

Les outils de la GRC au service de la stratégie marketing

La gestion de la relation client (GRC, CRM en anglais) s'impose progressivement comme l'outil privilégié de la relation entre une entreprise et sa clientèle.

Tout se passe en effet comme si, au-delà des formules toutes faites et des vœux pieux, un nombre croissant d'entreprises prenait conscience d'une évidence par ailleurs fréquemment démontrée : les clients acquis (même si, par construction, un client ne l'est jamais) coûtent moins cher et rapportent bien plus que les nouveaux clients à conquérir.

Pour autant, établir un système de gestion de relation avec ses clients présuppose que votre entreprise dispose d'ores et déjà de clients, donc qu'elle a su faire parcourir à des premiers prospects le début d'un parcours vertueux :

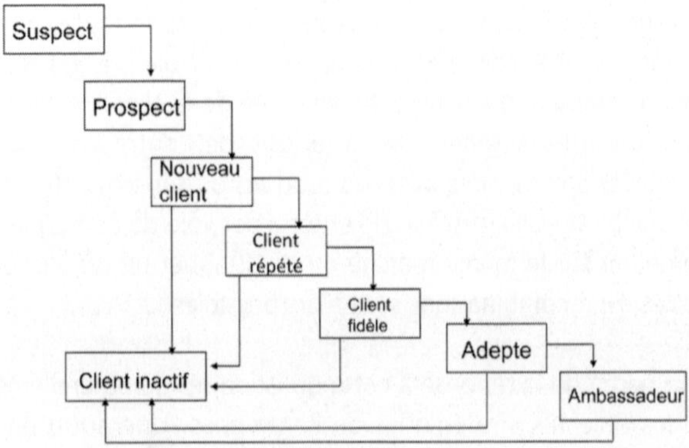

Que votre entreprise ou votre organisation ait pour vocation de séduire des électeurs, des visiteurs de lieux culturels, des clients de produits de grande consommation, des acheteurs de produits de luxe ou, dans une moindre proportion, des usagers de services publics, la question demeure posée à l'identique. Si le développement de l'activité passe, logiquement, dans un premier temps, par la conquête de clients, chaque entreprise se voit un jour confrontée à la question de savoir si priorité doit être donnée à la conquête ou à la fidélisation des clients obtenus.

En effet, selon les auteurs Philip Kotler et Bernard Dubois[2], *« acquérir un nouveau client coûte cinq fois plus cher que satisfaire et fidéliser les clients actuels »*. Si la fidélisation a un prix, l'infidélité en a un aussi, pas toujours calculé mais souvent bien plus élevé.

Les outils de GRC ont pour objectifs tout à la fois de permettre le recueil d'informations sur les clients et le développement de la relation commerciale avec eux, reposant notamment sur les

2. *In Marketing Management*, Pearson, 2008.

informations obtenues. Ils visent donc à produire pour chaque client une satisfaction maximale, donc à faire s'accroître ses achats. Les informations obtenues peuvent aboutir à la mise en place d'offres plus personnalisées, donc plus en adéquation avec les besoins de chacun, que les offres standards.

L'intérêt même de l'entreprise la guide donc à concevoir, mettre en place et utiliser de tels outils. Partant, la conception de votre stratégie marketing passera préalablement par la réalisation d'un diagnostic sur ce plan, tel que le résume le tableau ci-dessous :

Votre entreprise/organisation...	Non	Oui, à peu près	Oui, tout à fait
Dispose d'un fichier client contenant les coordonnées à jour des clients et les moyens de les joindre			
Dispose d'un fichier contenant l'historique précis des achats et échanges avec ses clients			
Etudie les achats de ses clients avec précision (fréquence, récence, montant, nature…)			
Effectue des relances en fonction des informations tirées de l'examen des achats			
Emet des offres personnalisées en fonction de l'examen des achats			
Effectue des relances suite à l'émission des offres personnalisées			
Mesure les résultats des offres personnalisées mises en place et ceux des relances			

Cette démarche est d'autant plus essentielle que, pour plusieurs raisons, le coût d'acquisition d'un client va notablement croissant. Entendu comme l'ensemble des sommes et efforts effectués pour conquérir un prospect et le transformer en client, le coût d'acquisition progresse en effet notablement.

Les facteurs explicatifs sont multiples : tout d'abord, chaque acteur, sur chaque marché, fait toujours plus, donc engage toujours plus de dépenses pour conquérir de nouveaux clients. L'exacerbation de la concurrence, notamment sur des marchés matures, soit des marchés où la demande est quasiment équipée dans son entièreté, explique ce surenchérissement du coût de conquête. Sur de nombreux marchés en effet, vos futurs clients sont aujourd'hui les clients des autres. Leur conquête vous contraindra donc à proposer plus et mieux que vos compétiteurs. Si tel n'est pas le cas, vos futurs clients ne viendront pas et préféreront conserver leurs fournisseurs actuels. Vous devez donc leur fournir une raison de venir à vous, de vous rejoindre, laquelle raison a souvent un coût.

La progression du coût d'acquisition justifie donc le soin que vous allez apporter, dans votre future stratégie marketing, donc dans les actions qui en découleront, aux clients qui sont déjà les vôtres. Cela ne vous empêchera pas le cas échéant de décider de la mise en place d'opérations (coupons de réduction, jeux-concours…) ayant pour optique d'enrichir votre base en récoltant les coordonnées de nouveaux prospects…

3. LES ACTIONS MARKETING

Votre plan marketing se doit – c'est au fond sa vocation première – de contenir de façon précise des actions appelées à être mises en œuvre.

La première des conditions à remplir réside en la définition de la ou des cible(s) à laquelle ou auxquelles vous entendez vous adresser.

Selon la configuration et le contexte de votre activité (degré de développement, portefeuille de clients, niveau de marge atteint, intensité concurrentielle...), vous devrez définir vos cibles prioritaires. Puis, par cible, concevoir les actions vous permettant d'atteindre les objectifs fixés en amont.

Ces actions peuvent être regroupées sous les quatre dimensions (produit, prix, distribution, communication) du mix marketing, même si la plupart d'entre elles sont multidimensionnelles.

Les cibles

Toute action marketing a, par construction, une cible. Si tel n'est pas le cas, vous ne pourrez atteindre vos objectifs.

Votre premier niveau de réflexion vous amènera à vous demander, au regard des objectifs et de la stratégie marketing (*cf.* le tableau présenté dans « La stratégie marketing », au chapitre 2 de cette même partie), quelle est la cible la plus à même de vous aider à les atteindre.

Sont-ce principalement les clients actuels ou les prospects ? Tous vos clients ou une partie seulement d'entre eux ? Si oui, laquelle et pourquoi ?

Cette réflexion sur la ou les cibles prioritaires vous amènera à disséquer vos propres clients, en fonction de leur fréquence ou de leurs montants d'achat par exemple :

	Fréquence		
	Elevée	Moyenne	Faible
Montant			
Elevé			
Moyen			
Faible			

Au-delà de sa simplicité, le tableau ci-dessus présente, quel que soit votre secteur et ce que vous commercialisez, un réel caractère opérationnel, à condition naturellement que vous définissiez les rythmes de fréquence, fort variables suivant les secteurs et les niveaux de montant, eux aussi variables suivant les activités.

Logiquement, les actions marketing à mettre en place varieront selon les segments de cibles retenus, suivant que vous allez chercher à stimuler les petits ou les gros acheteurs, des acheteurs récents ou des acheteurs plus anciens.

Cette réflexion sur les cibles peut vous amener à vouloir agir sur une cible souvent oubliée, mais pourtant porteuse : les « clients inertes ».

[TÉMOIGNAGE]

« Nous nous sommes aperçus que nous avions énormément de clients dormants, qui n'achetaient pas depuis longtemps. Nous avons décidé de les relancer, de confectionner des offres spécifiques pour les inciter à revenir. C'est assez fructueux, parce qu'ils sont déjà venus une fois. »

(Marie-Luce, éditrice d'un site Internet)

Toute activité comprend des clients qui ne le sont plus, qui, pour une raison ou pour un autre, ont cessé d'acheter.

Il vous incombe, avant de prendre l'éventuelle décision de les relancer pour les inciter à acheter de nouveau, de vous et leur demander pourquoi. Certains marchés sont par exemple liés à l'âge, comme celui des couches-culottes par exemple. La cessation d'achat est alors logique. Mais, dans de nombreux autres cas, les raisons tiennent plus à la lassitude, à l'oubli, à l'apparition d'autres offres plus pertinentes et justifient donc souvent un approfondissement.

En second lieu, vous devez naturellement parvenir à quantifier les « inertes », tant en nombre qu'en poids dans le chiffre d'affaires de l'année durant laquelle ils ont acheté pour la dernière fois. Leur volume participera de votre décision de partir, ou pas, à leur reconquête.

Dans un troisième temps, demandez-vous si tous les inertes méritent les efforts que vous pourriez effectuer à leur endroit ou si une segmentation en leur sein ne serait pas pertinente, en fonction de la date, de la nature ou du montant de leur dernier achat par exemple.

Enfin, assurez-vous de disposer des moyens de les joindre (adresses physiques ou électroniques par exemple)…

Les actions sur le produit/l'offre

Les différentes actions possibles sur le produit dépendent des objectifs que vous vous êtes préalablement assignés et demeurent étroitement liées à la cible visée, à ses besoins et à ses attentes. Certaines actions ne conviennent en effet pas à certaines cibles et réciproquement. Si certains publics sont par exemple sensibles au supplément de produit donné (+10 % gratuits, un mois d'abonnement offert…), d'autres ne le seront pas.

Tout en mettant en œuvre un certain nombre d'actions, vous devez donc impérativement veiller à demeurer en cohérence avec votre cible et votre offre. Les différentes offres ci-dessous, bien que restant à affiner selon les secteurs et produits, ont démontré leur efficacité.

L'essayer, c'est l'adopter

Si un de vos objectifs consiste à accroître votre nombre de clients, vous adopterez sans doute la technique du « l'essayer, c'est l'adopter ».

Mise en œuvre de façon pragmatique par certains commerçants sur les marchés, cette action tente de faire goûter le produit sans engagement, dans l'espoir de déclencher ensuite l'achat. Ne vous est-il jamais arrivé, après avoir goûté un morceau de saucisson obligeamment proposé, d'acheter un saucisson ?

▸ Gratuité d'abord

Dans de nombreux secteurs sont mises en place des actions du type « gratuité d'abord ». Elles consistent à proposer aux futurs clients un échange reposant sur la logique du donnant-donnant. En échange de l'achat ou de l'abonnement à un produit ou un service est consentie une remise en nature, donc en produit.

Plusieurs fournisseurs d'accès à Internet, en phase de conquête de clientèle, proposent ainsi par exemple un mois ou deux d'abonnement gratuit, en échange d'une souscription à leur service. Le secteur bancaire n'est pas en reste, multipliant les offres de gratuité d'une carte de crédit la première année ou de levée des frais d'achat d'actions...

▸ Treize à la douzaine

Grand classique du commerce, les actions « treize à la douzaine » reposent sur le principe consistant à donner « plus pour autant ». Nombreuses sont les marques de grande consommation, alimentaires ou commercialisant des produits d'entretien proposant ponctuellement deux produits pour le prix d'un, 500 grammes pour le prix de 300, 10 % de produit en plus, deux pizzas livrées pour le prix d'une...

Ces actions ont principalement pour objectifs de fidéliser une clientèle volage en lui en donnant ponctuellement plus pour le même prix et de tenter de faire « basculer », une partie des clients des marques concurrentes.

▶ Enrichir l'offre

Parce que les entreprises sont sans cesse en concurrence croissante les unes avec les autres, une partie des actions marketing vise à créer un « plus », une différenciation, par l'adjonction de composantes ne faisant jusqu'alors pas partie de l'offre.

Ces composantes peuvent prendre diverses formes, qu'il s'agisse de la livraison, de la pose, d'un service plus rapide, d'alertes électroniques, des horaires d'ouverture ou, de façon plus générale, la satisfaction d'une attente, la facilitation de la vie de l'acheteur…

Même si l'intérêt de l'entreprise demeure bien compris, cet enrichissement de l'offre est de nature à créer un avantage concurrentiel tangible. Que l'on songe par exemple aux services proposés par Diac ou GrandOptical.

Le premier propose aux futurs acheteurs d'un véhicule du groupe Renault de bâtir avec l'acheteur le plan de financement de son véhicule. Le second a véritablement innové en proposant les « lunettes en une heure ». Dans les deux cas, l'idée d'origine est la même : enrichir l'offre de départ en lui adjoignant un service dont les enquêtes ont montré qu'il était attendu par la demande. L'adjonction d'un service est par ailleurs souvent créatrice de différenciation.

▶ Simplifier la vie

Par le truchement du design par exemple, de nombreuses marques tentent de faciliter l'usage de leur produit. Qu'il s'agisse des roues sous les valises, des bouchons des flacons de jus de fruits, du bec de Canard-WC ou du savon liquide

Pouss'mousse, tous ces produits ont comme point commun la volonté de faciliter leur usage, donc de rendre leurs clients plus satisfaits.

Dans le même ordre d'idée, l'adjonction, par les fabricants d'eaux minérales, de poignées permettant de porter plus aisément les lots de bouteilles participe également de la facilitation ! A l'identique, la promesse d'une banque de produire une réponse de principe dans les quarante-huit heures suivant le dépôt d'une demande de prêt constitue également une traduction de la prise en compte des desiderata de la demande et la création d'une différenciation.

La segmentation du public

Un nombre croissant d'activités segmente leurs clientèles et leurs prospects et aspire à proposer à chaque segment une offre lui correspondant. L'offre est alors fractionnée, son contenu et son cadre adaptés aux différents segments.

La politique marketing d'abonnement aux journaux en ligne relève souvent de cette logique de fragmentation : la multiplication des niveaux d'offres, destinés à des segments différents, est conçue de façon à proposer différents types et niveaux d'abonnement à différents types de publics.

De nouvelles cibles

Un de vos chantiers d'actions marketing peut consister à proposer des offres à des cibles nouvelles, pour autant, naturellement, que vous ayez identifié et validé ces cibles au stade de la stratégie marketing.

Bon nombre de marques de produits alimentaires, analysant avec pertinence l'environnement, et notamment l'évolution démographique, proposent dorénavant des portions individuelles. Qu'il s'agisse de plats ou de desserts, ces portions individuelles visent évidemment le marché sans cesse croissant des « solitaires ».

De nouveaux produits à de nouvelles cibles

Si, dans le cas des portions individuelles, seul le conditionnement du produit change, le produit en soi restant inchangé, d'autres cibles, jugées prometteuses, peuvent se voir proposer des offres. Le développement du marché halal, notamment par de grandes marques alimentaires traditionnelles, comme Labeyrie, Fleury Michon, Quick ou Herta par exemple, en est l'illustration.

Des produits complémentaires à une cible existante

Afin d'inciter les clients à acheter plus, certaines marques ont choisi d'étendre leur offre en adjoignant progressivement à leur offre de départ des compléments : si l'acheteur de viande Charal n'envisage pas d'acheter plus de viande, sans doute se laissera-t-il tenter par les sauces au poivre ou au roquefort...

La démarche marketing consiste donc là à augmenter le « panier moyen » par acheteur, non en lui faisant acheter plus ou plus souvent du produit de départ, mais en tentant de lui faire acquérir des produits directement liés au produit de départ, se situant dans son immédiat entourage.

Cette proposition de produits complémentaires peut avoir comme vocation la fidélisation : visant à faire venir ou fidéliser les parents, certains musées proposent dorénavant des activités aux jeunes enfants. De son côté, Ikea a compris qu'une partie importante de son public était composée de jeunes parents cherchant à s'équiper et a su avec pertinence proposer une garderie gratuite et surveillée...

La personnalisation de l'offre

Une des tendances les plus transversales, mise en œuvre dans de nombreux plans marketing, est la tendance à la personnalisation de l'offre.

Assise sur le besoin de différenciation et de singularisation, la tendance à la personnalisation, que les hommes de marketing baptisent en franglais « customisation », atteint des secteurs extrêmement variés, allant des chaussures de sport aux coques de téléphone, des timbres postaux aux articles de luxe.

Face à des offres présentant, à leurs yeux en tout cas, des différences souvent ténues, les consommateurs éprouvent le besoin de s'approprier l'offre, donc de disposer d'une offre qui leur soit propre. Ce besoin d'apparaître différent, singulier, de ne pas consommer comme les autres ou d'en avoir l'impression constitue donc un levier sur lequel se greffent dorénavant de nombreuses actions marketing.

La personnalisation prend, selon les secteurs et domaines, des formes très variées. La forme de premier rang consiste à offrir, au fond, une fausse personnalisation, mais à permettre néanmoins aux clients de ne pas avoir le produit des autres, où tout du moins de ne pas en éprouver la sensation.

Cette personnalisation peut être qualifiée de fausse, dans la mesure où, si vous décidez de choisir un iPod à la coque rose, personne ne pourra empêcher les cinquante acheteurs suivants d'acheter également un iPod à la coque rose. La personnalisation consiste là à proposer le choix du coloris, comme l'effectuaient au fond les fabricants d'automobiles dès les années 1950...

Le deuxième niveau de personnalisation consiste à proposer un certain nombre d'options, croisées, afin que chaque consommateur effectue son propre choix. Le nombre de possibilités de produits résultant de la multiplication des options apparaît important et donnera à chaque acheteur la sensation d'un produit exclusif, fait pour lui. C'est par exemple dans cette voie que s'est orientée L'Oréal lors du lancement des parfums Fuel for Life (Diesel). La multiplication des coloris de poche contenant le flacon, de lanière et de logos gravés offrait en effet aux acheteurs potentiels la possibilité, à partir de modalités standards, de choisir leur propre combinaison, donc d'aboutir en définitive à leur propre produit.

Parvenir à la « vraie » personnalisation présuppose de se trouver sur un secteur où il est possible de démultiplier l'offre de façon importante, comme celui des sonneries de téléphone par exemple. Le levier actionné consistera à promettre au consommateur qu'il sera unique, parce que sa sonnerie le sera.

La « vraie » personnalisation se retrouvera dans les domaines où il est possible (maroquinerie, téléphonie) de faire graver les initiales de l'acheteur ou... sur le site de la Poste ! Cette dernière propose en effet[3] le timbre personnalisable, conçu par vous-même à partir de la photo de votre choix, donc par construction unique…

La personnalisation, aboutie ou partielle, correspond véritablement à une tendance transversale de la demande. Au-delà des vertus et avantages déjà évoqués, elle présente par ailleurs l'intérêt de pouvoir parfois, à un certain stade, valoriser, donc vendre plus cher la dimension individuelle.

La série limitée

La même idée se retrouve, sous une forme proche, dans la notion de série limitée ou, pour reprendre le vocabulaire des hommes de marketing d'aujourd'hui, de « collector ».

Le principe sous-jacent consiste à stimuler la demande en arguant du fait qu'« il n'y en aura pas pour tout le monde ». Souvent standard, le produit acquiert de ce fait une rareté relative et vient compléter l'offre de départ en constituant, comme dans le domaine des films par exemple, un niveau haut de gamme ou, dans le secteur automobile, distinctif.

La demande au secours de l'offre

Le marketing consiste en l'analyse, par l'offre, de la demande, afin de répondre aux besoins et attentes de celle-ci. Mais il demeure bien entendu, dans le marketing au sens traditionnel en tout cas, que l'offre est conçue préalablement et que la réaction de la demande à cette offre est recherchée.

3. http://montimbramoi.laposte.fr

Se développent des actions marketing intervertissant en quelque sorte les facteurs. Destinées à favoriser l'implication de la demande, ces actions consistent, dans une plus ou moins grande mesure, à solliciter celle-ci dans la conception de l'offre qui lui est destinée. Au-delà de l'implication et de la densification de la relation avec la marque, cette façon de faire permet d'escompter plus sûrement des ventes ultérieures.

Telle a par exemple été la méthode employée par Danette, consistant à demander aux internautes de voter pour choisir la prochaine Danette appelée à être produite et commercialisée. A un autre stade, Nespresso a également demandé aux internautes de choisir entre plusieurs fins possibles pour des films publicitaires.

Encore s'agissait-il, dans ces deux cas, d'offres déjà conçues que les internautes devaient départager. Certaines marques, comme les glaces Ben and Jerry's par exemple, sont allées plus loin. La glace « Fairly Nuts », commercialisée par le glacier depuis 2010, a été créée par une internaute américaine suite à un grand concours mondial lancé par la marque. La demande ne se contente alors pas de réagir à l'offre existante ou à l'offre potentielle, mais conçoit elle-même, à la demande de l'offre, son propre produit !

Qu'il s'agisse d'actions sur le produit de façon intrinsèque, sa mise en scène, son mode d'accès, son conditionnement, sa quantité par exemple, nombreux sont donc les registres d'intervention. Les choix d'actions que vous effectuerez seront guidés par vos objectifs et vos cibles. Mais, en tout état de cause, la plupart de ces actions ne peuvent pas être décidées indépendamment de leurs liens avec la dimension prix.

Les actions sur le prix

Les actions sur les prix sont par construction délicates, compte tenu notamment de la sensibilité de la plupart des demandes à cette dimension.

Le prix d'un produit ou d'un service dépend en effet de nombreux facteurs et engendre des retentissements de diverses natures.

Plus concrètement, les dimensions dominantes en matière de politique de prix, représentées dans le schéma ci-dessous, sont au nombre de six :

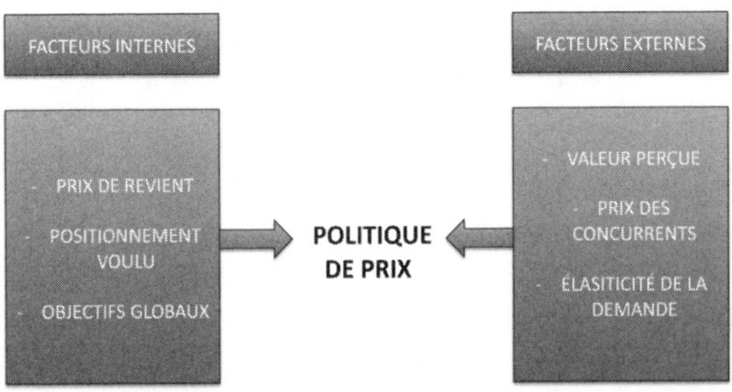

Les dimensions internes

La première dimension, fort logiquement, consiste à établir avec précision vos prix de revient, soit le niveau en dessous duquel vous ne pouvez pas vous permettre, y compris légalement, de vendre. L'objectif d'une entreprise étant d'effectuer des profits soit pour rémunérer ses actionnaires soit pour les réinvestir, vous ne pourrez donc pas vendre longtemps à votre prix de revient.

La deuxième dimension, interne également, a trait au positionnement voulu par vous.

Le prix est un signal émis par le produit ou par le service à destination de sa cible. D'une certaine façon, ce sera souvent le prix qui indiquera, de par son montant, à qui s'adresse le produit, quelle est la clientèle visée, celle à laquelle l'offre s'attend et qu'elle escompte. La clientèle en question, comme les prospects n'étant pas appelés à acheter d'ailleurs, induira souvent du prix un niveau de qualité.
Vous ne pourrez donc pas opter pour un prix modique si vous visez une clientèle « haut de gamme », parce que celle-ci, sauf cas particulier, ne se reconnaîtra pas durablement dans le prix que vous lui proposez.
La troisième dimension concerne les objectifs globaux de l'entreprise. Vous devez naturellement vous en inspirer et calquer votre politique marketing, donc votre plan marketing, dessus. Si la stratégie générale de votre organisation consiste en le développement de la clientèle en France, vous ne pourrez que difficilement proposer de viser d'autres cibles, ni a fortiori de vous étendre à l'étranger. A l'identique, si la stratégie générale vise à accroître la valeur fournie aux clients, donc enrichir les services proposés, vous ne pourrez pas proposer des services low cost, qui iraient en contradiction avec les objectifs généraux de l'entreprise.

A côté de ces trois dimensions, internes à votre entreprise, existent trois autres dimensions, à caractère plus externe.

Les dimensions externes

La première d'entre elles a trait à la valeur perçue par les clients.

Si vous y réfléchissez, le prix n'est au fond que la somme que le futur consommateur d'un bien ou d'un service est prêt à payer pour en effectuer l'acquisition ou la consommation. Cette vérité vaut en définitive quel que soit le secteur, le produit ou le contexte.

Cela revient à dire que, sur un nombre croissant de marchés, les prix de vente pratiqués n'ont qu'un rapport de plus en plus lointain avec les prix de revient intrinsèques des produits ou services proposés. Tout l'enjeu du marketing, sur ce plan, consistera donc à cerner au plus près le prix maximal acceptable par la demande, ou du moins une partie consistante de celle-ci. Il vous faudra donc cerner la valeur perçue par vos prospects ou clients, ce qu'ils estiment en définitive que vaut votre produit ou votre service, sauf à courir le risque de ne pas vendre à un prix inadéquat…

[TÉMOIGNAGE]

« Je n'ai pas le droit de vous dire quelles sont nos marges. Mais elles sont très élevées. Nos prix de vente traduisent au fond le désir qu'ont nos clientes d'acheter nos produits, donc des prix sans commune mesure avec les prix de revient. Le pire, c'est que si nous vendions à un prix logique au regard de ce que coûtent les choses, plus personne n'achèterait. »

(Aurélie, chef de produit dans la cosmétique)

La deuxième dimension externe concerne les prix pratiqués par les concurrents, dont vous devez naturellement tenir compte.

Cela dit, trois possibilités s'offrent à vous, consistant, à produit ou service analogue, à choisir de vendre plus cher, au même prix ou moins cher qu'eux.

Vendre plus cher revient à viser un segment de la demande différent de ceux visés par vos concurrents ou à intégrer, dans votre offre, une dimension supplémentaire, une différenciation durable.

Enfin, vous devez naturellement intégrer la sensibilité de la demande au prix. Autrement dit, dans quelle mesure votre demande, ou le segment précis de la demande que vous visez est-elle sensible au prix de la famille de produits ou de services auxquels vous appartenez ? Dans quelles proportions le prix constitue-t-il un critère de choix entre les offres ? Et, dernière composante de cette sensibilité, le rapport aux variations de prix. Quelle est la réaction de votre demande si les prix baissent ? Ou si les prix montent ?

Pour de nombreuses raisons, Apple a su attirer un segment de clientèle peu sensible au prix ou même, d'une certaine façon, sensible au fait que le prix ne soit pas trop bas… La progression actuelle des cours du pétrole et ses mécaniques incidences sur les prix de vente démontrent la faiblesse de l'élasticité au prix sur ce marché, la demande ne variant que fort peu en dépit de prix croissants.

De plus, votre politique de prix doit tenir compte du rapport général et collectif aux prix. Or, notre rapport collectif au prix se modifie. Notamment, mais pas seulement, sous l'impulsion des nouvelles technologies et d'Internet, notre façon de percevoir les prix, donc la valeur des choses, évolue sensiblement.

L'évolution de notre rapport au prix

Quatre exemples convergents témoignent de la modification de notre rapport au prix : tout d'abord, ce qui a de la valeur n'a plus forcément un prix.

Le cas de la presse gratuite, à l'instar de 20 Minutes ou Métro par exemple, en témoigne. L'émergence d'un nouveau modèle économique dans la presse[4], consistant à faire payer par la publicité le journal et son contenu, offre la possibilité de l'offrir à ses lecteurs. Fragilisant les titres de la presse quotidienne dite payante, ce modèle montre bien la perturbation qu'engendre, pour une partie de la demande, la rupture du lien entre prix et valeur. D'une autre façon, le cas de la musique est également caractéristique de cette tendance. Pour les jeunes générations en effet, la musique est en partie déconnectée de toute notion de prix...
Deuxième exemple : ce qui a de la valeur n'a plus forcément de limites. Certes, de nombreux restaurants avaient déjà conçu et mise en œuvre une politique de prix reposant sur la notion de forfait (buffet à volonté), ainsi naturellement que les stations de ski !
L'extension de la notion de forfait, et de la politique de prix qui la sous-tend (quantités illimitées en échange d'un prix fixe), apparaît également symbolique des tendances marketing transversales. Après avoir commencé à émettre des offres liées à la durée de consommation, les fournisseurs d'accès à Internet sont rapidement arrivés à la notion de forfait, donc une notion déliant prix et quantité. Les cartes de cinéma reposent sur la même logique marketing et la même politique de prix.

4. Modèle qui, au fond, fut pourtant celui de la radio commerciale dès ses débuts, il y a plus de quatre-vingts ans...

Le service a une réelle valeur, mais la quantité de produit ou de service consommé n'a pas d'incidence et ne fait donc pas varier le prix. Ou, autrement dit, si le prix est fixe, le contenu ou le volume que chaque consommateur peut mettre en face du prix demeure libre.

Les offres à bas coûts constituent le troisième exemple de modification de notre rapport au prix.
Dans un nombre croissant de domaines, du transport aérien à l'automobile[5] par exemple, se développent des offres, parfois d'une qualité moindre, mais établies à un prix sensiblement inférieur et conquérant donc de ce fait une partie substantielle de la demande.
La notion de prix connaît donc, de ce fait, une importante modification pour le consommateur qui, face à un produit quasiment identique (un trajet en avion, une voiture...), voit se présenter des prix notablement différents.

Quatrième modalité de la modification du rapport au prix : si le service ou le produit demeure inchangé, les prix, eux, changent !

Originaires du domaine du transport aérien de passagers, les prix d'un nombre croissant de services varient dans le temps en fonction de la demande. Les techniques de variation contrôlée des prix, ou « yield management », amènent par exemple les compagnies aériennes ou la SNCF à proposer des prix d'autant plus bas que les clients achètent tôt. La technique repose en l'espèce sur le principe du « donnant-donnant » : si vous rendez à l'entreprise de transport le service de réserver tôt, elle

5. Les véhicules à bas coût représentent dorénavant plus de 20 % des ventes de Renault...

vous en récompense en vous consentant des prix bas. Les prix iront d'ailleurs progressant au fur et à mesure du temps, donc que le jour de départ approchera et que la demande se sera manifestée, donc que le coefficient de remplissage aura progressé.

Un nombre croissant de secteurs d'activité applique à leur tour des techniques de fixation des prix de ce type, qu'il s'agisse de la publicité, de la restauration, des péages autoroutiers, de l'hôtellerie[6]....

[TÉMOIGNAGE]

« Nous avons refondu la politique tarifaire d'une régie de pub il y a quelques années. J'ai introduit des coefficients saisonniers, c'est-à-dire que la pub ne vaut plus le même prix suivant les moments de l'année. Logiquement, les mois les plus demandés sont les plus chers. Et puis il y a une question d'habillage. Je suis parti des mois les plus chers et ai appliqué des pourcentages à la baisse, plutôt que de partir d'un mois moyen ou d'un mois bas. Cela ne change rien sauf la présentation, mais les clients ont le sentiment de bénéficier de remises parce qu'ils achètent des mois moins chers. »

(Sébastien, conseil marketing)

Votre politique de prix peut consister, en lien avec vos objectifs et votre stratégie marketing, à stimuler un segment de demande précis, donc à offrir à ce dernier un service différent et/ou à moindre prix. Les étudiants et les retraités sont

6. Cette technique pourrait d'ailleurs s'appliquer sans peine aux cinémas, qui souhaitent sans doute vendre, quelques minutes avant le démarrage d'une séance, à bas prix leurs dernières places, surtout situées aux premiers rangs, plutôt que de ne pas les vendre...

par exemple dans ce cas au cinéma, les voyageurs fréquents à la SNCF... Il s'agira, suivant les cas, de segments sous-représentés dans la demande et que l'offreur entend stimuler, soit de segments déjà très présents bénéficiant là d'une « prime de fidélité ».

Dernier point concernant la politique de prix : les modalités de présentation de celle-ci. Nombreux sont encore les consommateurs demeurant sensibles à la notion de prix psychologique et étant convaincus, dès lors que « 9,99 euros » est affiché, de payer 9 euros... De même que demeure vivace la tendance consistant à présenter parfois un premier prix, à l'instar de Ryanair dans le transport aérien, majoré ensuite par l'assurance, les bagages, les taxes diverses, les frais de réservation en ligne (!) et aboutissant à un prix substantiellement différent du prix affiché au départ...

N'oubliez enfin pas que la politique de prix, parfois reliée à la politique de produit, peut vous amener à concevoir des actions promotionnelles comme des remises par exemple.

Les actions sur la distribution

Parce qu'elle regroupe l'ensemble des lieux, physiques ou virtuels, appelés à vendre votre produit ou votre service, la distribution constitue le maillon entre vos clients et votre produit. Ce maillon est donc essentiel, en ce qu'il conditionne vos ventes et vos recettes ultérieures.

Comme le démontre le schéma ci-dessous, le choix d'un canal de distribution relève d'une analyse approfondie et se doit de prendre en compte de nombreux paramètres.

Comme tous vos choix en matière de politique de produit ou de prix par exemple, vos choix en matière de distribution doivent être conditionnés par la stratégie marketing que vous avez établie ou adoptée.

Les critères à prendre en compte

La nature de vos objectifs constituera logiquement le premier des paramètres que vous intégrerez. Si vous optez pour des objectifs de croissance, vous serez alors naturellement amené à privilégier un mode de distribution intensif (grandes surfaces par exemple).
A l'inverse, l'adoption d'objectifs de rentabilité ou d'image vous amènera à privilégier un canal de distribution plus sélectif.

De plus, vous devrez fondamentalement prendre en compte **les façons de faire habituelles de vos clients et prospects** : où ont-ils l'habitude d'acheter ? A quelle fréquence ? Se déplacent-ils, le cas échéant loin de chez eux, pour acquérir le type de bien ou de service que vous proposez ou pas ? Quel type de service attendent-ils ? Au-delà de leurs habitudes de fonctionnement, vous prendrez également en considération leur nombre.

Troisième dimension : **les caractéristiques du produit.** Ces dernières requièrent sans doute la présence, dans les points de vente, de spécialistes dispensant des explications ou des conseils.
Certains produits, comme la pose d'ongles, présupposent des canaux de distribution physiques.

Le quatrième point a trait **au positionnement et à l'image de votre produit.** Le marketing est cohérence : un produit

au positionnement haut de gamme, se traduisant par un prix de vente élevé, sera rarement commercialisé dans un circuit de distribution intensif, donc très grand public. Le positionnement prix de votre produit vous amènera donc à choisir le canal de distribution en harmonie avec ce prix.
Le positionnement comparatif de votre produit avec ceux de vos concurrents vous aidera également à définir votre politique de distribution. Si votre positionnement est notablement différent, cela justifiera que vous poursuiviez la différence, donc adoptiez un mode de distribution différent.

Votre liberté d'action constituera naturellement un point essentiel à prendre en considération. Dans de nombreux secteurs en effet, les offreurs n'ont pas, compte tenu du poids de la distribution, le choix. Les pharmacies, bureaux de tabac, kiosques ou bistrots constituent, pour les produits qu'ils hébergent, des canaux difficilement contournables. A l'identique, un éditeur de musique ou de livres souhaitant accéder au grand public pourra difficilement faire l'impasse sur la Fnac ou Virgin.

Avant-dernier aspect : **les coûts, recettes et marges inhérents à chaque canal.** La comparaison que vous allez effectuer entre les différents canaux vous amènera à identifier les différents postes de coûts (référencement, « ticket d'entrée », taux prélevé par le vendeur/revendeur…) et les recettes potentielles escomptées. Votre choix tiendra donc entre autres compte de la rentabilité de chaque canal possible, exprimée en termes de recettes par vente, mais surtout en termes de ventes totales, donc de recettes totales. Suivant votre stratégie, votre produit et votre cible, vous privilégierez alors un canal vous permettant de vendre beaucoup, quitte à ce que votre marge par vente soit faible, ou un canal appelé à réaliser un nombre de ventes moindre, mais au taux de marge par vente supérieur. Comme toujours en matière stratégique, vos choix devront tenir compte des **moyens de réaction et de rétorsion de votre environnement,** composé ici de vos concurrents et des canaux que vous ne retiendrez pas.

La première étape de votre politique de distribution consiste donc à cerner et apprécier les différents canaux possibles. Pour autant, ces derniers ne s'opposent pas forcément.

Votre stratégie de distribution

Le deuxième temps de votre démarche consistera alors à déterminer votre stratégie de distribution.

L'établissement de votre stratégie repose sur la production de réponses à deux questions essentielles : comptez-vous vendre vous-même, passer par un tiers pour vendre ou envisagez-vous les deux modalités ?

Vous vous fixerez ensuite, suivant les configurations, des objectifs en termes de canaux, au regard du poids dans votre futur chiffre d'affaires par exemple, comme au regard du nombre de distributeurs couverts.

[TÉMOIGNAGE]

« Quand j'ai lancé mon activité, j'ai décidé de vendre mes bijoux sur les sites des autres, donc de ne pas vendre sur le mien. Il fallait donc que je sois présente sur un nombre important de sites. Je me suis fixé comme objectif un certain nombre de sites par an, de façon à étendre ma présence. »

(Katia, conceptrice et fabricante de bijoux originaux)

A l'inverse de Katia, vous pouvez décider d'opter pour votre propre circuit, comme Nespresso pour la commercialisation de ses capsules par exemple. Cette décision peut s'accompagner de la juxtaposition de canaux, comme un site Internet et de lieux physiques de vente. Comme vous pouvez dans un premier temps choisir d'être vendu par d'autres, pour ensuite vous vendre vous-même.
Les actions que vous prévoirez dans votre plan marketing découleront donc de votre stratégie en la matière.

Admettons que cette dernière consiste à développer le nombre de lieux (sites ou magasins physiques) vendant votre produit, votre plan se devra de prévoir des actions visant à déployer votre présence en des lieux où vous n'êtes pour l'instant pas commercialisé.

En tout état de cause, qu'il s'agisse de lieux de vente virtuels (sites Internet) ou physiques, vous prêterez une attention particulière aux lieux, à leur agencement, au trajet des clients ou à la présentation des produits par exemple.

[TÉMOIGNAGE]

« Il y a des marques de vêtements pour jeunes qui sont vraiment très fortes. Les produits sont quelconques, très chers bien que fabriqués à bas prix en Asie. Ce qui est très puissant, c'est tout le reste, l'emballage, tout ce qu'il a autour, l'ambiance, la scénarisation du rapport aux produits, la mise en scène comme chez Abercrombie par exemple. »

(Sébastien, conseil marketing)

Des exemples comme Abercrombie et Fitch ou, dans un autre registre, Nature et Découvertes le montrent bien : le soin accordé aux différents sens (ouïe, vue, toucher, odorat…) de leurs lieux de vente est partie constitutive de leur image et de leur succès.

Les actions sur la communication

Communiquer vient du latin *communicare,* « mettre ensemble ». La communication regroupera donc l'ensemble des actions, via des grands médias ou des actions plus quotidiennes, visant à faire connaître et promouvoir votre offre. Cette promotion passera par l'apport préalable de réponses aux grandes questions ci-dessous et, *in fine,* la production d'un plan de communication.

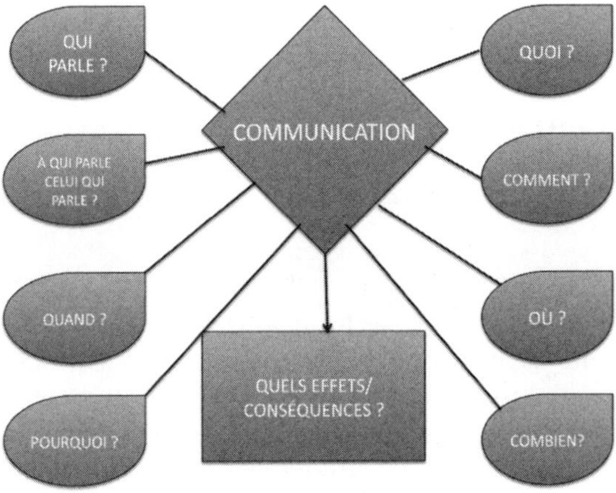

Qui ?

Le « qui » recouvre en réalité deux questions distinctes : Qui parle ? A qui s'adresse celui qui parle ?

Celui qui parle, donc l'entité qui s'exprime ou vise à le faire, est votre marque ou le nom ayant vocation à devenir une marque.

Une marque est au fond une personne, en ce sens qu'elle a des traits distinctifs, caractéristiques, propres, une personnalité. Elle est cette couche immatérielle qui donne une personnalité et une histoire à un produit ou un service, liées, même de façon lointaine ou les surplombant, à lui. Pour chacun d'entre nous, Mercedes n'est, et de loin, pas qu'un constructeur automobile, Marlboro pas une simple marque de cigarettes. La vocation de la communication va justement consister à créer et raconter cette histoire, à donner une personnalité et un contenu à votre future marque.

Elle constituera un repère, un signal de reconnaissance, d'appartenance, d'identification, évocateur et véhicule de son contenu. Par voie de conséquence, vous effectuerez, ou ferez effectuer, un travail particulier sur votre logo et votre slogan, votre promesse.

Votre marque en deviendra au fond une quand les consommateurs l'auront décidé. Certes, il vous incombe de créer et d'émettre les signaux de toute nature lui conférant une dimension, une existence, une consistance et une présence. Mais, en définitive, les signaux, comme toujours en communication, ne valent que s'ils sont reçus. Ce seront donc les récepteurs qui, en accordant du crédit et de la confiance à votre marque, la feront au fond accéder à ce statut.

Seconde question incluse dans le « qui » : à qui s'adresse la communication ? Cette question à la réponse en apparence simple est au fond bien plus complexe.

Sa complexité découle de la multiplicité des publics auxquels s'adresse, ou pourrait s'adresser, une entreprise. Comme le schéma ci-dessous l'illustre, les cibles de communication sont en effet très nombreuses :

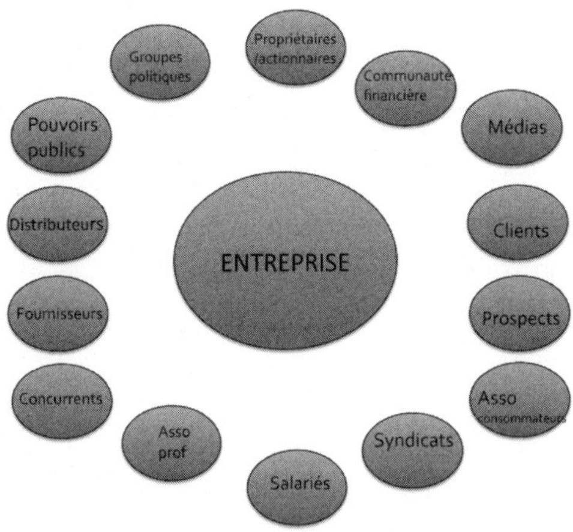

Comme pour le plan marketing dans son ensemble, la première étape de la démarche visant à établir votre plan de communication va consister à identifier, en lien avec les objectifs généraux de l'entreprise, les cibles prioritaires. Naturellement, le plan marketing a vocation à prévoir, planifier et décrire préférentiellement les opérations de communication à destination des clients et prospects. Mais il doit également prendre en compte les relais et prescripteurs de toute nature, comme les distributeurs par exemple.

Au sein même des clients, comme évoqué au travers des actions sur le produit ou le prix, un segment précis peut constituer votre priorité marketing. Logiquement, sauf cas particulier, cette priorité marketing devient votre priorité de communication.

Cette première étape, soit l'identification de la ou des cibles prioritaires, est essentielle en ce sens qu'elle conditionnera toutes les autres : quoi dire, quand, comment, par quel canal ? De plus, les réponses aux autres questions différeront souvent selon les cibles et justifient donc cette identification préalable.

Il est par exemple logique d'admettre qu'une entreprise ne s'adressera pas aux analystes financiers ou à ses actionnaires de la même façon qu'à ses prospects. Trois cibles qui induisent trois discours, trois plans de communication à des moments différents, trois choix de canaux et de vecteurs distincts…

▸ Pourquoi ?

Si l'objectif ultime de toute communication est de vendre ou de faire acheter, ou adhérer, les étapes préalables sont à la fois nombreuses et connues.

Dans un premier temps, une marque se doit d'acquérir de la notoriété, c'est-à-dire de la présence à l'esprit de ses futurs utilisateurs. Si nous ne consommons pas de produits de toutes les marques que nous connaissons, tant s'en faut, nous consommons rarement des produits de marques que nous ne connaissons pas. Pour acquérir de la notoriété, votre marque devra se montrer, apparaître, sous diverses formes, là où ses futurs consommateurs se trouvent et pourraient la rencontrer. Elle devra donc provoquer l'attention, parvenir à émerger au sein du flot publicitaire atteignant chaque jour les membres de votre cible, puis savoir maintenir cette présence.

[TÉMOIGNAGE]

« Quand nous avons lancé notre chaîne de restauration rapide, j'ai fait le tour des entreprises du quartier et ai laissé partout où je pouvais des dépliants, pour commencer à exister, que les gens sachent que nous étions nés près de chez eux. »

(Sergio, dirigeant d'une chaîne de restauration rapide)

Mais la présence à l'esprit ne suffit pas. Il vous faudra ensuite tenter de bâtir, progressivement, une marque, c'est-à-dire un ensemble de signes et de signaux distinctifs, perceptibles et reconnaissables. Vous devrez donc vous efforcer de donner de la vie, de l'existence et de la consistance à cette création qu'est votre marque et notamment parvenir à donner envie d'elle.

De nombreuses marques sont fort connues, mais entraînent un assez tangible rejet. Vous devrez donc peu à peu nourrir votre marque, enrichir son contenu et son image, afin de présenter d'elle un aspect positif qui la rende séduisante et désirable.

Dernière étape enfin : la communication n'a pas simplement vocation à faire connaître une marque et à la rendre sympathique, mais à déclencher un acte, d'achat le plus souvent, la concernant. Les autres dimensions, préalables, ne sont en définitive que des moyens au service d'une fin qui demeure parfois sous-jacente, mais que vous ne devrez jamais perdre de vue.

▶ Quoi ?

Il s'agit évidemment là d'une des questions centrales touchant à la communication. Répondre à la question du « quoi » consiste à répondre à la question de savoir quoi dire, quel message faire passer, quel discours tenir.

Comme la politique de produit, le contenu de la communication sera lié aux analyses antérieures que vous aurez effectuées. De ces analyses découlera l'identification de la ou des différenciations de votre produit ou de votre service, la raison principale pour laquelle vos prospects doivent, selon vous, s'en porter acquéreurs. Que cette raison tienne au produit en tant que tel, à des services associés ou à la marque le portant ne change rien au fait que l'identification de cette différence essentielle doive faire de votre part l'objet d'une soigneuse identification préalable.

En effet, la position que vous allez prendre sur le marché, par voie de communication notamment, consistera à exprimer cette différence.

Cette position, ou positionnement, constituera le socle de votre communication. De façon générale, vous ne pourrez pas tout dire par voie de communication et serez contraint de privilégier un argument, de mettre prioritairement l'accent sur un « plus » rendu par votre service ou votre produit, sur ce que vous considérerez comme votre principal avantage concurrentiel.
Votre communication exprimera votre avantage concurrentiel de façon univoque et explicite, mais en veillant à l'orienter en direction de ceux à qui vous vous adressez.

Autrement dit, vous mettrez en avant le « bénéfice consommateur », donc le bénéfice, l'avantage que retirera de l'usage du produit ou du service celui appelé à s'en servir et, partant, l'intérêt qui sera le sien à se le procurer.

[TÉMOIGNAGE]

« Regardez Steve Jobs, le patron d'Apple. Il est vraiment très fort. Quand il lance un nouveau produit, iPod, iPad ou autre, il se met à la place de ceux qui vont s'en servir. Il a très bien compris que tout le monde se fichait du nombre de gigas de l'iPod par exemple et que ce qui comptait pour les gens qui écoutent de la musique, c'est le nombre de titres. Donc il exprime la capacité en nombre de titres stockables, non en gigas. »

(Christophe, professeur de marketing en école de commerce)

Les marques mettent dorénavant, dans leur communication, bien plus l'accent sur les solutions que leurs produits apportent ou les services qu'ils rendent que sur leurs aptitudes intrinsèques.

Les registres auxquels est susceptible d'appartenir votre positionnement sont fort nombreux, tournant par exemple autour de la praticité, de l'ancienneté de votre marque, de la fiabilité de vos produits, de la qualité de votre service après-vente, de la robustesse technique, du goût différent, de la facilité de stockage, de la performance, de la rapidité...

Quoi qu'il en soit, et quel que soit le registre retenu, vous devrez, après avoir défini le registre, opter pour un ton de communication.

Comment ?

Le ton de la communication a également son importance. Etroitement lié à l'histoire de votre structure et à la cible visée, le ton retenu transmet, au-delà des mots et le cas échéant, des visuels, une ambiance, un climat, une atmosphère.

Veillez à demeurer, sur tous plans, en cohérence : la police de caractères, les décors, les mannequins, les couleurs… tous les éléments constitutifs de votre communication doivent converger et aller en un seul sens : celui visant à convaincre votre cible de l'intérêt de votre proposition pour elle et de la capacité qui est la vôtre à satisfaire son besoin.

Où ?

Les supports de publicité sont fort nombreux. Votre choix sera, en leur sein, guidé par différentes dimensions, au rang desquelles, au premier chef, leurs aptitudes de vous permettre de rentrer en contact avec votre ou vos cible(s). De nouveau donc, votre approche s'effectuera par cible, en vous demandant et en recherchant les supports les plus pertinents pour les contacter.

Rentreront naturellement en ligne de compte des questions de budget et de calendrier, ainsi que des questions liées à la nature de votre message. De toute façon, ce sont vos objectifs et votre cible qui, en définitive, vous feront choisir les supports les plus adéquats.

De par leur démultiplication (nouvelles chaînes de télévision, presse professionnelle spécialisée, presse électronique…) les médias traditionnels (radio, télévision, cinéma, presse, affichage) constituent la première famille de vecteurs de communication et offrent dorénavant, à des entreprises de taille moyenne, la possibilité de s'exprimer.

Au-delà de votre propre site, concevable comme outil de présentation, de prospection et de vente, Internet offre naturellement un champ croissant de possibilités de présence et de communication. Si la première génération a consisté en des espaces publicitaires au fond assez classiques (bandeaux, pavés...), se développent dorénavant de nouvelles modalités d'existence communicationnelle à coût modeste (pages Facebook, blogs, campagnes de bouche-à-oreille par exemple).

Parce que les médias traditionnels se contentent, le plus souvent, d'émettre des messages publicitaires sans retour ni interaction avec les publics visés, donc sans mesure directe de la réaction engendrée, les opérations dites de « marketing de rue » (« *street marketing* ») se développent beaucoup.

Le marketing et la communication n'étant jamais en retard d'un mot ou d'un concept, le lecteur se trouvera parfois confronté au « guérilla marketing »...

Ces opérations consistent à créer un événement provoquant la rencontre entre une marque et son public. De la distribution traditionnelle de tracts au montage d'opérations plus ambitieuses (dirigeables, essais de voiture, expositions...), les idées sous-jacentes consistent en une démarche (aller vers son public) et une modalité (créer l'« événement »).

Aller vers son public peut parfois consister à s'inscrire dans des opérations préexistantes et à les « capturer » à votre profit.

De ce point de vue, le parrainage de tournois de golf, de tennis ou de courses à la voile, incluant dans leur nom le nom de la marque le « parrainant », permet de transférer sur la marque les qualités et vertus induites par le sport et l'épreuve parrainés.

Il est une autre famille de vecteurs de communication, souvent maltraitée ou peu exploitée, pourtant aisément maîtrisable par l'entreprise, constituée globalement de tout ce avec quoi la clientèle de l'entreprise est en contact.

Tout est en effet devenu communication. Les locaux d'une entreprise, et notamment son espace d'accueil, diffusent, qu'elle le veuille ou pas, une image d'elle.

[TÉMOIGNAGE]

« J'ai toujours une mauvaise impression quand je vais dans une entreprise prestataire, qui se prétend organisée, à la pointe, et que je vois des locaux vieillots, fouillis, parfois sales. Je me dis qu'il y a comme un hiatus. C'est pour cela que j'aime toujours voir les locaux des gens avec qui je pourrais travailler, ils en disent long sur eux. »

(Aurélie, responsable marketing dans l'hôtellerie)

Le mode d'être et d'habillement des collaborateurs, en contact avec la clientèle, participe également de la diffusion d'une image.

[TÉMOIGNAGE]

« Prenez Nespresso. Voilà des gens qui savent y faire. Leurs boutiques sont très bien faites. Tout y est très étudié et donne l'impression d'être dans un lieu différent. Même le personnel est en tenue, cela fait luxe. »

(Marie-Luce, éditrice d'un site Internet)

De façon plus globale, tout ce avec quoi la clientèle est en contact représente des actions de communication potentielles, qu'il s'agisse des factures, des emballages…

[TÉMOIGNAGE]

« Un grand chocolatier parisien, dont je tairai le nom par charité, vend ses chocolats et ses gâteaux hors de prix. Le personnel n'est pas aimable, dégurgite un discours stéréotypé. Même les sacs sont ratés, clairement pas au niveau du reste. »

(Anne-Marie, directrice de collection dans l'édition)

Quand ?

Le ou les moments de communication ne sont jamais choisis au hasard. Ils correspondent en effet à des moments précis et spécifiques, propres à l'offre, à la demande ou à des circonstances extérieures.

[TÉMOIGNAGE]

« Logiquement, nous concentrons nos efforts sur la période durant laquelle les lycéens commencent à réfléchir à la suite, donc au moment où ils se posent des questions, commencent à regarder des écoles, à demander à leur entourage. Donc nous intervenons en amont. »

(Sylvie, directrice d'un établissement d'enseignement supérieur)

La détermination du ou des « quand » présuppose donc que vous ayez une bonne connaissance tout à la fois de la demande, de ses moments privilégiés de recherche, d'achat et de consommation et des facteurs conditionnant et expliquant ces moments.

Combien ?

La question du combien est particulièrement épineuse. Si chaque entreprise savait à l'avance combien il lui fallait investir en communication... cela se saurait et chacune ferait des économies ! David Ogilvy, fondateur d'une grande agence de publicité américaine, avait l'habitude de dire qu'en publicité, sur un dollar investi, la moitié était efficace, mais qu'il ne savait pas laquelle...

Comme certaines entreprises raisonnent en consacrant à la communication un pourcentage de leur chiffre d'affaires, votre examen des pratiques de vos concurrents peut vous aider. Elargissez cette analyse comparative, afin d'obtenir des idées de volume de dépenses, à des entreprises n'œuvrant pas dans votre secteur, mais possédant la même taille que la vôtre.

Une autre façon de faire, délicate, consiste à partir de la fin, c'est-à-dire des objectifs de vente par exemple et d'extrapoler vos dépenses à venir en fonction d'un coût d'acquisition par client dont vous pourriez avoir connaissance dans votre secteur par exemple.

Quelles conséquences ?

Si la communication consiste à partager ou à mettre en commun, le partage n'est en l'espèce pas totalement bilatéral ni, surtout, désintéressé de votre part. Vous entendez, ce qui est logique, que vos actions de communication, comme de marketing d'ailleurs, vous rapportent.

Ce rapport peut prendre deux formes : un rapport direct et un rapport plus indirect.

Le rapport direct sera celui engendré par les actions de communication, ou chacune d'entre elles, en termes de communication proprement dits. Autrement dit, l'impact sur l'image, la présence à l'esprit, la notoriété de votre entreprise.

Cet impact n'est pas particulièrement difficile à mesurer, à deux conditions : la première consistera à ce que vous vous dotiez d'outils de mesure (tests d'impact de campagnes, étude de notoriété et d'image...). La seconde consistera à ce que vous sachiez d'où vous partez.

De deux choses l'une : soit vous partez de zéro, soit votre produit ou votre service a déjà fait l'objet de communication. Si vous partez de zéro, vous devez néanmoins impérieusement effectuer, sur tous les plans que nous avons identifiés, un audit des actions et plans de communication de vos concurrents.

Si votre produit possède déjà, en termes de communication, une histoire, vous devez naturellement procéder à son inventaire préalable : quels sont ses principaux résultats, quels sont les points forts de la communication passée et actuelle, quels sont ses points faibles et ses limites ? Cet inventaire représentera votre point de départ.

Ce diagnostic pourra par exemple prendre la forme suivante :

Diagnostic de communication	
Points positifs	**Points à développer/à parfaire**
Une notoriété de 35 %, atteinte en cinq ans, sur la cible	Une marque perçue comme chère (ce qui est inexact)
Une image positive, faite de professionnalisme, de service et de proximité	Un slogan peu retenu
Une présence publicitaire régulière	Une présence communicationnelle sur Internet à développer (réseaux sociaux), quitte à raréfier la présence dans la presse
Un logo reconnaissable et reconnu	Une équipe dirigeante inconnue

Sur la base d'un tel document, il vous est ensuite loisible de définir les priorités proprement liées à la communication, et indépendamment des ventes, à venir et le socle sur lequel vous pouvez vous appuyer.

[TÉMOIGNAGE]

« Je me souviens d'un client, une radio. Son audience plafonnait un peu et elle s'inquiétait. Je lui ai fait constater que sa notoriété sur cible était satisfaisante, mais pouvait progresser et qu'il fallait donc mieux communiquer en direction de la cible que de faire des efforts pour recruter des animateurs ou des journalistes réputés. »

(Christophe, professeur de marketing en école de commerce)

En tout état de cause, vous devrez, comme pour toute action marketing d'ailleurs, vous donner les moyens de quantifier les résultats, tant attendus que réellement obtenus. N'oubliez pas que l'important en communication et en marketing ne réside pas tant en ce que valent les actions qu'en ce qu'elles rapportent... Votre plan de communication doit donc prévoir, y compris sur le plan budgétaire, des mesures de son efficacité au regard de ses objectifs. La réalisation d'une enquête postérieure à une campagne de communication visant à faire progresser votre notoriété ou telle ou telle composante de votre image s'imposera donc.

Le rapport indirect est parfois plus délicat d'appréhension. Il s'agit de mesurer le retentissement, sur vos ventes, de vos actions de communication. Naturellement, vous vendez sans faire de communication. Votre propos va donc être de parvenir à quantifier le surplus de vente engendré par votre seule communication, sachant que, de surcroît, vos concurrents ont également pu communiquer durant le même laps de temps que vous. De plus, à l'instar des actions marketing, les actions de communication sont souvent plusieurs à avoir été menées, rendant plus difficile la mesure de l'apport intrinsèque de chacune.

En définitive, les maîtres mots de votre communication, donc les conditions d'une communication réussie devront être les suivants :

- Adaptée à sa cible.
- Visible.
- Différente.
- Claire dans son contenu et sa promesse.
- Proportionnée à vos ressources.

- Adéquate dans le choix de ses supports par rapport à la cible.
- Cohérente en cas de campagne multisupports.
- Mesurable dans son impact et ses résultats.

De la fidélité à l'ambassade

Il est un dernier levier, non assimilable en tant que tel au seul produit ou au seul prix, qu'un nombre croissant de marques mettent en œuvre.

L'enchérissement du coût d'acquisition amène en effet de nombreuses marques, de tailles et de secteurs fort différents, à concevoir et développer une politique de fidélisation. Ancien, le phénomène se démultiplie de façon importante.

Le premier degré de la fidélisation consiste en l'émission d'une carte de fidélité, physique ou réelle, conférant à son détenteur des avantages spécifiques récompensant son activité et sa fidélité. Sans rentrer dans le détail des programmes de fidélisation, force est de constater que la pratique se banalise et s'étend. Par voie de conséquence, les différenciations entre les cartes et programmes apparaissent souvent comme ténues et peu créatrices de différence[7].

Certaines marques ont su aller plus loin et proposer un véritable avantage concurrentiel au travers de leur politique de fidélisation, comme les compagnies aériennes par exemple.
Le niveau d'après consiste à chercher à faire devenir les clients des propagandistes, des porte-parole de la marque. Sans aller

7. Certaines marques, comme Castorama, ont curieusement choisi de faire payer à leurs clients la carte de fidélité…

jusqu'à épouser le fameux modèle conçu et mis en place par Earl Tupper (Tupperware) dans les années 1950, l'idée selon laquelle ce sont les clients qui parlent le mieux des produits aux prospects se développe, au travers par exemple de la modalité moderne de parrainage.

Fréquemment usité, le système repose sur l'incitation exercée sur le futur parrain afin de l'amener à suggérer à de futurs parrainés d'acquérir un bien ou un service donné. De façon générale, le parrain et les parrainés sont, dans des proportions analogues ou pas, récompensés.

Si la fidélisation de votre clientèle peut devenir un axe marketing clé et se décliner en actions, n'oubliez jamais que votre meilleure politique de fidélisation est et demeure votre produit !

4. LE PLAN MARKETING EN ACTION

Pour nous résumer, votre plan marketing se devra de répondre concrètement aux grandes questions ci-dessous :

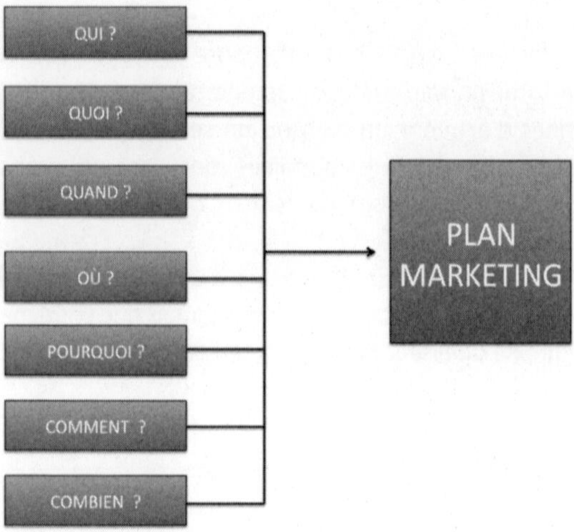

Six tâches clés

Cela revient à dire que, pour chaque action identifiée ou pressentie, qu'elle ressortisse du registre du prix, du produit ou de la communication, vous devrez effectuer les six tâches suivantes :

- en établir le budget prévisionnel précis ;
- en estimer concrètement les retours attendus ;
- en effectuer le rapport de rentabilité ;
- en définir les méthodes de mesure des résultats ;
- en bâtir le calendrier ;
- en définir les pilotes et intervenants.

Toute action envisagée doit dans un premier temps faire l'objet d'un chiffrage précis, intégrant les différentes sources de coûts que l'opération engendrerait. Vous prendrez en compte ou pas, suivant les façons de faire de votre organisation, les seuls coûts externes (achats, sous-traitance...) ou apprécierez également les coûts internes, donc notamment une partie des salaires des collaborateurs affectés à l'action en question.

Le chiffrage d'une opération s'accompagne de la définition des objectifs qui lui sont assignés. Si vous envisagez une action, c'est que vous avez au préalable des objectifs dont vous estimez que l'atteinte sera possible au travers de l'action que vous envisagez. Vous devez assigner à votre future action des objectifs concrets, en lien direct avec elle, vous permettant d'en mesurer l'intérêt et d'en calculer le rendement.

Ces objectifs concrets peuvent par exemple prendre la forme suivante :

- être vendu chez X distributeurs ;
- avoir récupéré X coordonnées de prospects grâce à un jeu-concours ;
- avoir vendu X produits au prix Z ;
- avoir obtenu une note de satisfaction globale de 8/10 par vos clients ;
- avoir fait acheter à 10 % des clients inertes ;
- faire atteindre X visiteurs à votre site Internet ;
- faire passer le taux de transformation sur votre site de X à Z ;
- obtenir X articles dans la presse ;
- faire progresser votre image de X points sur tel ou tel plan ;
- X % du chiffre d'affaires sera constitué par de nouveaux clients ;
- ...

Le chiffrage de chaque opération et la définition de ses objectifs vous permettront d'établir ensuite son rendement prévisionnel.

[TÉMOIGNAGE]

« Pour moi, un plan marketing doit comprendre des objectifs chiffrés. C'est parfois compliqué à produire, mais sans cela, on ne sait pas si cela vaut le coup ou pas et surtout si, après une opération, celle-ci a présenté un intérêt et si on doit la renouveler. »

(Marie-Paule, chef de groupe marketing dans l'alimentaire)

Vous devez ensuite, afin de pourvoir établir le lien entre les objectifs assignés à une opération et les réalisations obtenues, définir avec précision les outils dont vous allez vous servir pour mesurer les résultats de chaque opération.

L'étape d'après vous amènera à bâtir, pour chaque opération, son calendrier.
Le calendrier complet d'une opération en comprendra au fond deux s'enchaînant. Le premier sera celui de, la phase de conception et de réalisation. Veillez à ne pas sous-estimer les délais éventuels de conception et de réalisation du matériel nécessaire à vos actions (documents, supports publicitaires ou de promotion, nouveau packaging, modifications sur votre site Internet…).
Le second calendrier portera sur l'opération elle-même et recensera toutes les étapes nécessaires à son bon déroulement.

Cette réflexion sur la durée des opérations sera liée à celle sur leur moment. Pour chacune d'entre elles, vous devez définir le (ou les) moment(s) de l'année les plus adéquats. Les moments adéquats se définissent en fonction de vos propres besoins : les dates de réalisation d'opérations de promotion ou de stimulation des ventes seront naturellement liées à la saisonnalité des ventes elles-mêmes. Ils se définiront également en fonction des besoins de vos clients et, le cas échéant, d'éléments exogènes (la Saint-Valentin, la Coupe du monde de rugby…) à votre activité mais susceptibles d'avoir un retentissement sur elle.

N'omettez enfin pas de définir, pour chaque opération, le ou les responsables. Les entreprises n'ont parfois pas horreur du vide… et des actions sans responsable ni pilote peuvent ne jamais être conçues…

La totalisation

Vous disposez dorénavant de toutes les pièces du puzzle. Il vous reste à les assembler, à former un ensemble cohérent.

Afin de vous permettre la totalisation budgétaire, ainsi d'ailleurs que l'harmonisation de la chronologie et de la durée prévues de vos opérations, nous nous conseillons l'usage d'un tableur.

Vous devez arriver à la production de tableaux simples et opérationnels se présentant, par cible si nécessaire, comme suit :

Exemple de plan marketing :
Ecole supérieure des plans marketing

	T1	T2	T3	T4	Budget	Responsable	Objectifs	Méthode de mesure	Résultats	Commentaires
Salon Studyrama 1	X									
Relance prospects	X									
Impression brochures	X									
Journée portes ouvertes 1	X									
Cocktail de lancement	x									
Week-end intégration	X									
Page pub 20 Minutes			X							
Stylos promotionnels			X							
Salon Studyrama 2			X							
Journée portes ouvertes 2			X							
Pages pub 20 Minutes 2			X							
Journée portes ouvertes 3			X							
Cocktail de fin d'année			X							

L'exemple ci-contre, fictif mais plausible, demeure encore à un niveau synthétique permettant une vue synoptique du plan d'action. Les actions, ici des actions essentiellement de communication, sont identifiées et recensées par trimestre, sachant que l'année fiscale de l'Ecole supérieure des plans marketing commence en octobre (T1 couvre donc octobre-décembre).

Ce tableau doit naturellement être suivi de tableaux plus détaillés, notamment pour ce qui est des dates de réalisation des actions, donc des préparatifs nécessaires. A titre d'illustration, la préparation d'une journée portes ouvertes présuppose la désignation des membres de l'équipe présents, la réalisation d'un point sur le matériel (brochures, stylos, vidéos, kakémonos, affiches...), le recrutement d'étudiants en cours de scolarité pour aider à la présentation de l'école, la préparation du discours à tenir...

Le contrôle de cohérence et les arbitrages

Que vous soyez décisionnaire ou pas, vous devez ensuite passer en revue toutes les opérations, afin de vous adonner à certaines vérifications.

Vous allez vérifier par exemple que les sommes prévues pourront être absorbées par le budget de l'entreprise. Sans doute vous apercevrez-vous à ce stade que certaines opérations sont redondantes ou proches, que les dates prévues de déroulement ne sont pas compatibles ou encore que certaines présentent au fond moins d'intérêt que prévu.

Enfin, leur analyse comparative vous permettra d'identifier, au travers de l'examen des rendements prévisionnels, les plus rentables et donc de cerner les opérations pouvant, si nécessaire, faire l'objet d'un décalage ou d'un report.

Considérez enfin que certaines actions peuvent n'être déclenchées qu'en cas de nécessité, par exemple si les ventes ne sont pas, à une date donnée, au niveau prévu. Vous devez prévoir les actions de relance, par voie de promotion ou remise et les porter au plan marketing.

La rédaction

Même si la présentation des plans marketing peut varier, à l'oral comme à l'écrit, suivant les structures, leur contenu (*cf.* en annexe « Exemple de plan ») apparaît en revanche assez codifié.

Quelques règles de forme sont également généralement requises. La première d'entre elles veut, comme pour tout document de communication d'ailleurs, que vous preniez la peine de vous mettre à la place de votre public, donc de vos lecteurs. Si ces derniers sont en majorité constitués de spécialistes du marketing, vous devez vous efforcer d'adapter votre propos à ceux qui ne le sont pas (logistique, direction financière...).

Par voie de conséquence, vous éviterez d'émailler votre texte de sigles ou d'expressions trop marquées professionnellement et de ce fait peu accessibles aux non-avertis. Par prudence le cas échéant, faites-en relire une version par un néophyte.

[TÉMOIGNAGE]

« Pour mon premier plan marketing, j'ai fait tout ce que j'ai pu ; il était vraiment travaillé, fouillé. J'y ai passé un temps fou. Mon directeur marketing me l'a renvoyé avec un commentaire assez sec, disant qu'il n'avait rien compris parce qu'il ne parlait pas le jargon ! J'ai beaucoup réécrit, mais cela m'a servi de leçon. »
(Marie-Paule, chef de groupe marketing dans l'alimentaire)

La seconde règle prévalant en matière de rédaction de plan marketing est la concision. Très variables selon les entreprises, les plans marketing représentent un volume de texte oscillant entre quatre et quarante pages. Vous veillerez donc à demeurer tout à la fois concis, n'allant qu'à l'essentiel, et à respecter les règles de présentation, de forme et de volume en vigueur dans votre structure.

Troisième règle : prenez parti. Votre plan marketing est tout d'abord le vôtre, c'est-à-dire qu'il doit refléter et traduire vos convictions. Si sa rédaction vous a été confiée, c'est que vous êtes un spécialiste du marché ou l'êtes devenu. Donc vous avez un avis sur son évolution, sur l'offre de votre entreprise et son adéquation à la demande, des idées sur la façon et les méthodes pour atteindre les objectifs fixés.

Par voie de conséquence, votre plan sera également spécifique. Ne vous contentez pas de plaquer un modèle tout fait ou de vous inspirer fortement de celui de votre prédécesseur. Personnalisez-le, notamment en vous immergeant à fond dans votre marché, son offre et sa demande. Sortez des idées battues et proposez des modalités originales de communication. Il n'en sera alors que plus convaincant.

Le suivi

Ne partez surtout pas de l'idée que, une fois votre plan marketing conçu et rédigé, vous en avez fini avec lui ! D'une certaine façon au contraire, le plus difficile, le temps de l'action, commence.

L'expérience montre que la mise en œuvre du plan marketing rencontre parfois des difficultés, liées par exemple à l'insuffisante hiérarchisation des priorités, donc des actions majeures. Les autres obstacles sur lesquels buttent souvent les plans ont trait à une répartition approximative des tâches ou une absence de clarification des responsabilités. Dernier point enfin, l'insuffisante préparation ou anticipation des actions elles-mêmes, source de retards et d'une efficacité moindre.

Au-delà, le suivi du plan passe par la conception et la mise en place d'outils et d'indicateurs de mesure des actions entreprises et des écarts éventuels par rapport aux objectifs. Ces indicateurs peuvent logiquement vous amener à renforcer une action, en alléger ou supprimer une autre.

Naturellement, la conjoncture générale de votre entreprise ou de vos ventes pourra engendrer la conception et la mise en place d'actions non prévues au plan.

[PARTIE IV]

LES ERREURS À NE PAS COMMETTRE

L'expérience montre que les erreurs commises dans le cadre des plans marketing sont souvent, au-delà des secteurs d'activité, des tailles et des dates de création des entreprises, souvent les mêmes.

Nous les rappelons ci-après.

1- NE PAS FAIRE DE PLAN MARKETING

C'est l'erreur suprême. Toute activité professionnelle requiert organisation, méthode et prévision. Quels que soient votre domaine d'activité et la nature de votre produit et de votre clientèle, vous ne pouvez pas, dans votre propre intérêt et celui de votre activité, faire l'impasse sur le plan marketing. Son occultation vous amènera, dans la plupart des cas, à vous situer en réaction et non en action. SI vous n'en concevez pas, vous agirez au coup par coup, empiriquement, au gré des plans marketing de vos concurrents et des actions qu'ils contiennent.

Il demeure bien évident que le marketing est également fait d'opportunités et que vous effectuerez, en cours d'année, des opérations que vous n'aviez pas prévues et auxquelles vous n'aviez pas pensé. Mais la plus grande partie de vos actions seront prévues et planifiées, ce qui vous permettra justement de demeurer souple et réactif, donc d'absorber au mieux l'imprévu.

2- BÂCLER SON PLAN MARKETING

Si ne pas confectionner de plan marketing constitue un manque coûteux, ne pas accorder à ce dernier l'importance nécessaire peut également se traduire en clients perdus, en chiffre d'affaires non engrangé, en parts de marché non conquises.

Un plan bâclé vous amènera soit à conduire vos actions de façon moins optimale que possible soit à l'impossibilité de penser à l'avance aux actions les plus pertinentes Dans les deux cas de figure, il se traduira par un manque à gagner. De plus, votre réputation de dilettante vous précédera, chez vos distributeurs par exemple, rendant plus délicate votre position lors de négociations à venir.

3- NE PAS S'INSCRIRE DANS LA STRATÉGIE GÉNÉRALE ET MARKETING DE L'ENTREPRISE

Le marketing ne constitue pas et ne doit pas constituer un îlot protégé ou autonome. Il doit être conçu, compris et utilisé comme le bras armé de l'entreprise ou de l'organisation, comme le fer de lance de la conquête commerciale. Il ne représente donc pas une force en soi, libre de mouvement, mais s'inscrit par nature dans la continuité de la stratégie générale, dont il constitue en quelque sorte le bras armé.

Toutes les stratégies d'entreprise prévoient naturellement de se donner les moyens de la croissance et de l'expansion. Mais, liés par nature à votre secteur d'activité, les moyens de croissance sont multiples. Des choix devront être effectués, résumant les axes stratégiques à deux ou trois. Ce sont les axes stratégiques retenus qui vont conditionner la conception de la stratégie marketing de votre structure. Et c'est de cette stratégie marketing que découlera votre plan marketing.

Ce dernier constitue donc le maillon d'une chaîne, le dernier maillon vous amenant en définitive à établir un lien entre la stratégie de votre entreprise et vos clients.

4- NE PAS S'INSCRIRE AVEC PRÉCISION DANS LE TEMPS

Le plan marketing constitue l'établissement, dans le temps et dans l'espace, de votre vision de la façon dont votre organisation va gagner de l'argent. De plus, vos actions auront, pour certaines, des liens entre elles. Le déclenchement d'une action sera sans doute conditionné par la réussite, ou l'échec, d'une autre. Enfin, d'autres actions sont par construction liées au temps, qu'il s'agisse d'opérations liées à des dates génériques (Saint-Valentin, fête des Mères…) ou des dates qui sont propres à votre activité, votre entreprise (anniversaire) ou vos clients.

Pour toutes ces raisons, vous devez avoir une approche assez militaire du terme « plan ». Autrement dit, les dates et durées de vos actions doivent être anticipées et préparées avec soin. Une des clés de la réussite de votre plan marketing tient à sa planification dans le temps.

5- NE PAS FAIRE ÉVOLUER SON BUSINESS PLAN

Un plan marketing est un plan d'action. Ou, plus précisément, un plan identifiant et décrivant un ensemble d'actions.
Cela signifie que vous devez détailler précisément les actions appelées à être entreprises. Pour chacune d'entre elles, notamment celles que vous allez conduire pour la première fois, vous devez avoir établi une feuille de route complète. En d'autres termes, vous savez parfaitement, le jour du lancement de l'action, qui fait quoi et comment. Vous avez identifié les intervenants, leur ordre d'intervention, organisé les réunions préparatoires. Faute de quoi vous risquez de découvrir, au fur et à mesure, certains aspects des opérations que vous étiez censé avoir préparé et, le cas échéant, les compléments budgétaires afférents…

[TÉMOIGNAGE]

« Nous avons lancé l'année dernière pour la première fois une opération en direction de certains lycées avec des terminales pouvant diriger vers notre école. Mais nous n'avions pas bien préparé les choses, avec une vidéo qui leur soit dédiée, une liste des intervenants de chez nous, les horaires précis… Bref, nous avons un peu improvisé. »

(Malika, dirigeante d'un établissement d'enseignement supérieur)

6- NE PAS APPRÉHENDER LA DIMENSION FINANCIÈRE

Un plan marketing sans budget prévisionnel n'est pas un plan marketing. Pour chaque action, vous avez mis en place les éventuels appels d'offres et compétitions nécessaires, vous êtes procuré les différents devis et budgets, les avez analysés et avez sélectionné le prestataire retenu.

Vous avez donc, pour chaque opération, une idée précise de son coût et donc, par voie de conséquence, une claire vision du budget global de votre plan.

7- NE PAS PENSER RÉSULTATS

Etre « *marketing minded* », cela signifie au premier chef avoir l'esprit orienté vers les résultats de vos futures actions. Toutes proportions gardées, ce n'est pas tant le coût des actions que leur rapport qui compte. Les grandes marques (ou les grands clubs) s'attachant les services d'acteurs prestigieux ou de sportifs mondialement connus le savent bien. Les rémunérations souvent très élevées demandées par ces vedettes doivent être quantifiées, parfois malaisément, en espérances de vente et en bénéfices d'image.

Vous devez donc vous procurer les outils nécessaires à l'émission, même de façon approchée, d'hypothèses de résultats consécutifs à vos actions.

Ne pas penser résultats signifie donc ne pas s'inscrire dans la bonne démarche, ne pas au fond vous donner les moyens que votre plan marketing soit efficace, donc, le cas échéant, fournir à vos concurrents des atouts.

8- NE PAS PENSER MESURE

Trop de plans marketing sous-estiment ou ignorent cet aspect des choses. Et pourtant. Un plan marketing ne peut pas ne pas contenir la présentation précise des outils et méthodes de mesure des actions entreprises, ainsi naturellement que leur coût. Faute de vous munir de ce type d'outils, vous serez incapable d'apprécier les écarts éventuels entre les résultats des actions et les résultats attendus, donc de décider quelles actions conserver, accentuer ou abandonner.

Que vos actions aient pour finalités des ventes à un segment précis, le cas échéant d'un produit spécifique, la progression de la satisfaction des clients, l'amélioration de l'image d'un produit ou de votre entreprise ne change rien à la contrainte dans laquelle vous devez vous inscrire : prévoir de mesurer les résultats, et ce avant de lancer les actions ou opérations concernées.

[TÉMOIGNAGE]

« Nous avons une fois parrainé un bateau pour une course de voile. Cela coûte très cher. Je n'ai jamais vraiment su à quoi cela servait, parce que je n'avais pas d'outil me permettant de mesurer l'impact. C'est de ma faute, j'aurais dû les prévoir. »

(Philippe, directeur marketing dans les services aux entreprises)

9- NE PAS ÊTRE CRÉATIF

Homme de rigueur et de méthode, l'homme de marketing se doit d'être également créatif.

Contrairement à ce que vous pensez peut-être, les plans marketing les plus efficaces ne sont pas forcément les plus coûteux, même si disposer de moyens importants n'interdit pas non plus la créativité !

Vous devez impérativement avoir des idées originales. Pour ce faire, soit vous faites appel à des agences dont c'est le métier, soit, l'un n'empêchant pas l'autre, vous êtes en éveil et surveillez des acteurs réputés pour leur créativité. Ces acteurs peuvent évoluer dans votre secteur, mais vous créerez une différence supplémentaire en vous inspirant d'exemples trouvés dans des secteurs d'activité différents. Dans une certaine mesure, il n'est pas forcément nécessaire que les opérations dont vous allez vous inspirer aient eu la même cible que celle que vous visez. Vous devez simplement vous assurer de l'intérêt et de la faisabilité pour votre cible ainsi naturellement, au préalable, de la pertinence de l'action envisagée au regard de vos objectifs.

Original ne signifie donc pas unique. Apple entretient, dans un certain nombre d'universités, des « étudiants ambassadeurs », promoteurs de la marque et de ses produits, dont la fonction n'est pas sans rappeler les ambassadrices mises en place par Tupperware…

10- NE PAS AVOIR UN MIX MARKETING COHÉRENT

Une des clés d'un plan marketing réussi réside dans le fait qu'il soit… du marketing…

Imaginer des actions constitue déjà une difficulté. Mais la réelle complexité d'un plan marketing résulte de la nécessité de partir des objectifs pour concevoir les actions, de les calibrer au mieux et, surtout, de les harmoniser, de les rendre cohérentes et convergentes.

Si votre stratégie marketing passe par la progression des ventes d'un produit donné, vous devez mettre tous les moyens, dans tous les registres, en œuvre pour l'atteindre. Que vos actions aient trait au produit, au prix, à la distribution ou à la communication, elles doivent toutes converger. Aspirer à développer votre présence dans un circuit « grand public » ne serait pas cohérent avec une progression de vos prix et la volonté d'émettre une communication traduisant une montée en gamme de votre offre.

11- NE PAS PARTAGER SON PLAN MARKETING

Seul, vous n'êtes rien. Ou pas grand-chose. Sans, le cas échéant, vos collaborateurs et votre direction, sans vos fournisseurs, sous-traitants, partenaires, revendeurs..., votre plan marketing atteindra promptement ses limites.

Son déploiement et sa réussite passent par les autres. Un gage de victoire passera donc par votre capacité à transmettre, partager et convaincre vos différents interlocuteurs de la pertinence de vos choix, de la justesse de vos actions.

Certains de vos objectifs auraient, admettez-le, pu se traduire par la conception et la mise en œuvre d'autres actions que celles auxquelles vous vous êtes arrêté. Le marketing n'est pas une science et votre pouvoir de conviction devra entraîner votre entourage.

12- NE PAS CROIRE EN SON PLAN MARKETING

C'est, pour une part, votre pouvoir de conviction qui fera la différence et amènera votre entourage à y adhérer. Même si vous appartenez à une grande structure et bâtissez le quatorzième plan pour un produit, tentez de le faire devenir vôtre. Introduisez-y des idées, des façons de voir, des approches qui vous soient personnelles. Après tout, c'est vous le spécialiste du marché !

Ce nécessaire travail d'appropriation vous permettra ensuite d'être plus convaincant. Or, à l'intérieur de votre organisation comme à l'extérieur, vous devrez vous montrer convaincant… surtout si votre plan est le quatorzième…

13- PENSER QUE LE MARKETING PEUT REMPLACER UNE MAUVAISE OFFRE

Parfois commise par les spécialistes du marketing, cette dernière erreur est dommageable et source de pertes potentiellement sérieuses. Il s'agit de celle consistant à penser, ou à se convaincre, que le marketing peut tout.

Le marketing, l'ensemble de ses techniques et astuces, n'a pourtant jamais remplacé une mauvaise offre. Soyez-en irrémédiablement convaincu, comme vos clients le seront eux aussi.

Des mauvaises offres peuvent consister en des offres de mauvaise qualité, peu fiables, destinées à occuper le terrain et à contrer ou devancer des concurrents. Mais il peut également s'agir d'offres en avance sur leur temps, ne rencontrant donc pas leur public. Si le marketing peut plus œuvrer dans le second cas que dans le premier, il rencontrera néanmoins ses limites.

Le marketing n'est au fond qu'un ensemble de techniques et d'outils. Il n'a jamais pu se substituer à une offre inadéquate, mal tarifée, incorrectement présentée ou à des équipes de vente peu motivées ou insuffisamment formées.

15 PENSEZ QUE LE MARKETING PEUT REMPLACER UNE MAUVAISE ÉTHIQUE

[ANNEXES]

EXEMPLE DE PLAN

1. Résumé opérationnel

A l'instar d'un business plan, nous vous conseillons de commencer votre document, même si ce dernier est bref, par une page de résumé de celui-ci.
Vous devez en effet être capable de contracter votre plan en une page. Certains de vos lecteurs et interlocuteurs, comme la direction financière par exemple, ne liront pas votre document en entier et ne « consommeront » donc que cette page de synthèse.
Vous devez y expliquer les grandes lignes de votre plan de marketing. Quels sont les enjeux majeurs de l'environnement et du marché ? Quels sont les objectifs à atteindre ? Comment votre plan marketing répondra-t-il à ces objectifs ?

2. Situation actuelle

Cette partie procède, sans prendre position, à une analyse descriptive et générale de l'environnement de l'entreprise
Quelles sont les caractéristiques principales du marché ? Quelles en sont les tendances ? Qui sont les intervenants majeurs du secteur et leurs avantages concurrentiels ? Comment les consommateurs se comportent-ils ? Quelles sont les stratégies de marketing actuellement en vigueur dans l'entreprise ?
Vous résumerez donc là les principaux enseignements de vos recherches, concernant tant le marché, sa situation et ses enjeux que la demande ou l'offre.

3. Analyse des forces/faiblesses/menaces et opportunités

Vous effectuerez dans cette partie une double analyse de l'environnement externe et de l'environnement interne de l'entreprise.
L'analyse de l'environnement externe vous permet de mettre en lumière les menaces et les opportunités générales du marché, donc par exemple les segments en croissance.
L'environnement interne pointe les forces et les faiblesses de votre entreprise. Quelles sont les forces qui serviront de base à vos stratégies ? Quelles sont les faiblesses qui devront être surmontées afin de connaître le succès ?

4. Objectifs

L'interprétation des analyses des forces et des faiblesses de l'entreprise ainsi que des opportunités et des menaces de l'environnement justifient et expliquent vos objectifs. En d'autres mots, vos objectifs découlent naturellement de vos analyses. Selon votre contexte, vos objectifs peuvent concerner les ventes, le profit, le retour sur les investissements, la part de marché, etc.
Souvenez-vous que vos objectifs doivent être clairs, chiffrés, volontaristes et accessibles !

5. Le marketing mix

Comment atteindrez-vous vos objectifs ? Identifiez le segment visé et justifiez votre choix de positionnement stratégique. Cette section n'a pas besoin d'être longue, car elle ne fait que compléter les analyses des facteurs économiques, démographiques, comportementaux, concurrentiels et socioculturels des marchés et les objectifs du plan de marketing. N'hésitez pas à suggérer quelques stratégies alternatives et à expliquer pourquoi elles ont été mises de côté. Rappelez-vous que pour un même secteur d'activité, plusieurs stratégies sont possibles. A l'intérieur de cette section, vous devez aussi distribuer les éléments du mix marketing (produit, promotion, prix, distribution), sur la base de vos stratégies.

6. Plan d'action

Cette section démontre en pratique comment les stratégies seront implantées. Concrètement, vous évoquez ici les actions que vous envisagez, au bon niveau de détail.
A ces actions doivent naturellement être associés les objectifs que vous leur assignez et les résultats que vous en attendez.

7. Méthodes de contrôle et de suivi

Souvent peu abordés, ces éléments sont pour autant essentiels... Votre plan marketing doit en effet être muni de mécanismes de contrôle afin d'évaluer la pertinence des stratégies à intervalles réguliers, et apporter les changements qui sont requis lorsque c'est nécessaire. Vous évoquez donc à ce stade la façon dont vous allez vous assurer du bon déroulement des actions prévues et les méthodes que vous allez mettre en place pour chiffrer et contrôler les résultats de vos actions.

[BIBLIOGRAPHIE]

KAPFERER Jean-Noël, *Les Marques, capital de l'entreprise,* Editions d'Organisation, 2007.

KOTLER Philip et DUBOIS Bernard, *Marketing Management,* Pearson, 2009.

LEVRESSE Estelle et HASSLER Alain, *Toutes les clés pour réussir son plan marketing,* ESF Editions, 2009.

MCDONALD Malcolm, *Les Plans marketing,* De Boeck, 2004.

VAN LAETHEM Nathalie et Body Laurence, *Le Plan marketing,* Dunod, 2008.

VULLEMUS Philippe, *Le Plan marketing,* Eyrolles, 2009.

34/38, rue Camille-Pelletan - 92309 Levallois-Perret cedex
Imprimerie Darantiere - 21801 Quetigny
Imprimé en France - 4e trimestre 2011 - n° d'impression 11-1168

Service éditorial : Fanny Bouteiller, Marjorie Champetier, Elsa Goisnard, Pascal Julie, Deborah Lopez, Marie-Amélie Mollet
Conception graphique : e-look
Crédit photographique : © Virginie Castor - Fotolia.com

Dépôt légal à parution
ISBN 978-2-7590-1408-8